KB188873

성령의 전도꾼

성령의 전도꾼

지은이 | 이은호
초판발행 | 2024. 9. 11
등록번호 | 제1988-000080호
등록된곳 | 서울특별시 용산구 서빙고로65길 38
발행처 | 사단법인 두란노서원
영업부 | 2078-3333 FAX 080-749-3705
출판부 | 2078-3331

ISBN 978-89-531-4908-3 03230

독자의 의견을 기다립니다.
tpress@duranno.com   http://www.Duranno.com

두란노서원은 바울 사도가 3차 전도여행 때 에베소에서 성령 받은 제자들을 따로 세워 하나님의 말씀으로 양육하던 장
소입니다. 사도행전 19장 8-20절의 정신에 따라 첫째 목회자를 돕는 사역과 평신도를 훈련시키는 사역, 둘째 세계선교
(TIM)와 문서선교(단행본잡지) 사역, 셋째 예수문화 및 경배와 찬양 사역, 그리고 가정·상담 사역 등을 감당하고 있습
니다. 1980년 12월 22일에 창립된 두란노서원은 주님 오실 때까지 이 사역들을 계속할 것입니다.

내가 가라는 곳으로 가라

이은호

성령의 전도꾼

The Spirit-filled Evangelist

두란노

목차

추천사

이은호 목사님의 전도 체험기를 책으로 읽게 되는 것은 축복입니다. 이 목사님은 성령의 사람입니다. 성령의 인도하심을 받아 미국 캘리포니아 한복판 거리에서 전도하는 일꾼이 되었습니다. 가끔 만날 때마다 그동안 있었던 일들을 흥분하며 전해 주는 이 목사님에게는 복음 전도에 대한 불타는 열정이 있습니다. 한 영혼을 포기하지 않으시는 목자의 마음이 있습니다. 복음 전도에 헌신한 일꾼은 하나님이 반드시 책임지고 인도해 주신다는 이야기의 산 증인이기도 합니다. 이 책의 간증들은 모두 살아 있는 체험에서 나온 것들입니다. 책을 읽는 사람 모두 생생한 은혜를 누리게 될 것입니다. 하나님이 한국 교회를 새롭게 깨우시는 데 이 책을 사용하실 것을 믿으며 추천합니다.

● **이재훈 목사**(온누리교회 위임)

이은호 목사님과는 온누리교회 대학부에서 동역했습니다. 함께 청년 새벽예배 부흥을 위해 모든 걸 쏟았던 시간은 놀라운 축복의 때였습니다. 목사님은 그때부터 동에 번쩍 서에 번쩍, 성령의 바람을 따라다니며 날것 그대로의 복음을 전하는 하나님의 사람이었습니다. 이 책을 읽는 가운데 지금도 살아 역사하시는 하나님을 만나는 체험이 있기를 바랍니다. 복음은 멋지게 다듬어진 프로그램이나 시스템이 아니라 십자가에서 살과 피를 내주신 예수님의 날것 그대로의 사랑이기 때문입니다.

● **이상준 목사(1516교회 담임)**

이 책은 '리얼(real)'입니다! 이은호 목사님을 처음 만났을 때, 아직도 이런 전도자가 있다는 게 믿어지지 않았습니다. 전도를 삶으로 살아 내는 일은 이론만으로는 결코 이룰 수 없기에, 이 목사님이 전해 주는 매일의 간증은 은혜와 충격 그 자체였습니다. 전도가 일상이 되고, 제자를 삼아 보내는 독특한 사역은 이제 미주를 넘어 일본과 전 세계로 확장되고 있습니다. 이 책에 기록된 이야기는 그래서 현재 진행형이며, 잠자고 있는 교회와 성도를 깨우는 하나님의 메가폰이 될 것입니다. 침체의 위기 앞에 직면해 있는 한국 교회와 성도들에게 이 책을 추천합니다. 한 전도자의 끝없는 간증이 식어 버린 우리의 열정을 살려 다시 복음 앞에 서도록 이끌 것입니다.

● **이상훈 총장(America Evangelical University)**

이은호 목사의 《성령의 전도꾼》은 사도행전 29장, 생생한 전도 현장의 이야기가 가득 담긴 책입니다. 거리와 마켓 그리고 응급실과 같은 삶의 현장에서 성령의 인도하심을 따라 한 영혼 한 영혼을 만나는 전도꾼의 생생한 경험을 날것 그대로 전합니다. 책을 읽는 내내 마치 저도 전도 현장에서 함께 참여하는 것 같은 경험을 했습니다. 현장에서 성령께서 어떻게 역사하며 복음이 전해지는지, 전도의 본질과 그 감동을 깊이 느낄 수 있었습니다.

● **임윤택 원장**(California Prestige University 박사원)

사랑하는 이은호 목사님과의 인연이 서른 해 가까이 되었습니다. 이 목사님은 그때나 지금이나 참 한결같은 분입니다. '오직 복음 예수' '오직 복음 전도'만을 외쳐 왔습니다. 이 목사님의 마음에는 예수님만으로, 예수 전하려는 열정만으로 가득합니다. 이 책에 그 이야기가 가득 담겨 있습니다. 모쪼록 이 책이 선교 현장에서 귀하게 쓰임받아 더욱 많은 영혼이 살아나기를 기도하며, 추천합니다.

● **박종렬 목사**(조이어스교회 담임)

이은호 목사님은 온누리교회 대학부라는 내 인생에 가장 뜨거웠던 열정의 시기를 함께한 동역자입니다. 일본 열도, 중국의 오지, 러시아 모스크바, 대만, 인도, 이스라엘 등 종말적 선교사역을 위해 성령에 이끌린 소울메이트입니다. 이후 이 목사님은 대학부 바울공동체를 맡아 열매도 많이 맺었습니다. 그는 진정 복음의 노마드의 길에 순종합니다. 좁은 길이고 결코 화려해 보이지 않는 길입니다. 그러나 하나님이 인정하는 남은 자의 길을 묵묵히 걸어갑니다. 이 책은 함께 울고 웃었던 성령의 호흡이 거리의 전도로 이어진 사도행전입니다. 이 시대 성령의 줄기를 찾고자 하는 사람들에게 하나님

편에 선 자의 부요함을 안겨 줄 것입니다.

● **박인용 목사**(월드와이드교회 담임)

이 책은 하나님 이야기입니다

14 우리 주의 은혜가 그리스도 예수 안에 있는 믿음과 사랑과 함께 넘치도록 풍성하였도다 15 미쁘다 모든 사람이 받을 만한 이 말이여 그리스도 예수께서 죄인을 구원하시려고 세상에 임하셨다 하였도다 죄인 중에 내가 괴수니라 **딤전 1:14-15**

간증서 출간을 제안받았을 때 내 첫 반응은 "No! No! No!"였다. 누구보다 죄인이며 부족한 나다. 아무것도 아닌 내 자신에 대해 통감하기에 무조건 거절했다. 내게는 자랑할 것도 없고, 그럴 마음도 없다. 그런데 몇 년의 시간이 흘렀음에도 출판 담당자와 교인들의 권유가 이어졌다. 주님께 물어야 할 일이란 생각이 들었다. 그렇게 기도의 자리로 나아갔을 때, 주님이 내게 응답해 주셨다.

"너의 이야기가 아니라 내가 네게 행한 일들을 쓰는 것이다. 이 책은 한국과 일본의 여러 영혼에게 선한 영향력을 줄 것이다!"

그렇다! 책을 쓴다는 것은 나의 어떠함을 증거하는 일이 아니다. 주님이 행하신 것들을 증거하는 일이다. 아울러 주님의 교회인 동역자들을 섬기는 일이다. 이러한 확신을 주셔서 나는 말씀에 순종하기로 결단했다.

주님은 부족한 내 삶 속에 넘치도록 풍성한 은혜를 부어 주셨다. 예수님 안에 있고자 애쓰는 나를, 믿음과 사랑을 따라 살기 위해 고군분투하는 나를 예배자로, 주님의 증인으로 언제나 불러 주셨다. 또한 이 부르심을 따라 살도록 성령님이 내 안에 오셔서 말씀하시고 붙드시고 인도해 주셨다.

성령님은 영혼을 섬기고 돌보는 주님의 전도꾼으로 나를 불러 주셨다. 거리와 마켓에는 언제나 영혼들의 눈물과 웃음이 기다리고 있었다. 선교하는 교회 온누리교회에서도, 눈물 골짜기였던 광야 길에서도 성령님은 항상 내게 말씀하고 이끄셨다. 항상 주님의 은혜가 믿음과 사랑으로 넘치도록 풍성히 임했다. 그래서 매 순간 기뻐할 수 있었고, 호흡처럼 기도할 수 있었고, 모든 것에 감사할 수 있었다.

전도꾼의 길은 결코 혼자 갈 수 없다. 성령님은 항상 주님의 보석 같은 귀한 동역자들을 통해 역사하셨다. 마음의 고향 온누리교회의 故 하용조 목사님과 이재훈 목사님, 한국과 일본의 성도님들과 동역자들, 그리고 응급실 교회의 여러 어려움을 믿음과 사랑으로 기뻐하며 동역해 준 얼바인샤이닝휄로쉽교회 성도님들이 있다.

또한 성령님의 감동을 받아 믿음과 사랑으로 지원하고 동역해 준 많은 신실한 분들이 있다. 일일이 다 언급할 수는 없지만, 주님이 잊지 않고 기억해 주실 것이라 믿는다. 주님의 날, 주님 나라에서 큰 상급으로 갚아 주실 것이라 믿고 기도한다.

마지막으로 함께 기도하며 성령님 따라 전도꾼의 삶을 동행한 아내 김애지와 하준, 하린, 모든 가족에게 감사를 전한다.

2024년 9월
이은호

Part. 1
거리와 마켓에서 올린 예배

내 교회를 세워라

교회의 우선순위는 잃어버린 양 한 마리를 찾는 것

미국에 처음 왔을 때, 체류 신분을 '에일리언(Alien)'이라고 표시하는 것을 보았다. 영화 때문이었는지 한국에 있을 때는 '외계인'이라는 뜻인 줄 알았다. 알고 보니 라틴어와 프랑스어에서 온 단어인데, '낯선' '이방의'라는 뜻으로 '타지에서 온 사람'을 지칭하는 말이었다. 2021년부터 미국 연방정부 차원에서 이 표현을 공식적으로 금지하긴 했지만, 이민자들의 어렵고 힘든 신분과 상황을 여러모로 대변해 주는 단어이기도 하다.

이민자의 삶은 대부분 의지할 사람이나 아무런 기반이 없는 상태에서 시작한다. 그래서 아무것도 보장할 수 없고 불확실하고 두려운 시간이 이어진다. 세계 최고의 경제 대국인 미국에서 타지인으로 살아간다는 것은 상대적 박탈감이 더 크고 생존 자체가 목적일 수밖에 없는, 여유가 없는 삶이다.

주님은 이런 미국에서 우리 가족을 유학생 신분으로 살게 하셨다. 매달 은행 잔고가 사라지는 두려움 속에서 우리는 어떻게든 생활을 이어 가고 있었다. 기다림의 시간을 기도로 채워 나가고 있을 무렵, 주님이 말씀하셨다.

"내 교회를 세워라!"

통장에는 9달러가 남았고, 내가 처한 곳은 아는 사람 하나 없는 미서부 캘리포니아라는 낯선 땅이었다. 그곳에서 주님의 교회를 시작하라는 말씀은 다시 한번 인간적인 판단과 계산으로는 이해할 수 없는 응답이었다.

그러나 그동안의 숱한 시간을 보내며 내가 깨달은 것이 있지 않은가. 하나님은 아무것도 없는 곳에서 성취를 요구하시는 분이 아니라는 것, 비전을 보여 주시고 모든 것을 공급하시는 분이라는 것, 선하신 주님의 말씀과 부르심 앞에 내 모든 생각과 판단을 내려놓고 순종하는 것이 나에게 가장 우선순위가 되어야 한다는 것이다.

주님의 교회를 세우라는 부르심 앞에 순종하는 것이 무엇일까 생각했다. 먼저 장소를 구해야 한다는 생각이 들었다. 얼마 전에 '십자가 강의'를 하러 갔던 한 선교 단체가 생각났다. 그곳은 얼바인과 터스틴 사이에 있었기 때문에 나쁘지 않은 입지 조건이었다. 당시 G 집사님이라는 분이 그 장소를 빌려주었다고 했다. 그와는 십자가 강의를 통해 받은 은혜를 나누고 기도해 드렸기 때문에 기억에 남아 있었다. 나는 수소문하여 G 집사님에게 연락을 했다. 그리고 조심스럽게 그 장소에서 교회를 시작해도 될지 물어보았다.

G 집사님은 흔쾌히 장소를 사용하도록 허락해 주었다. 내가 렌트비를 염려하니 걱정 말라며, 자신이 부담하겠다고 해주었다. 그렇게 나는 얼바인과 터스틴 사이에 위치한 오피스 공간에서 교회 예배를 시작할 수 있게 되었다. 말씀하신 대로 모든 것을 준비하고 인도하시는 주님의 손길을 경험했다.

교회 장소를 정하고 얼마 지나지 않아 G 집사님으로부터 연락이 왔다. G 집사님은 "목사님이 개척하시는 교회가 1년이면 얼바인에서 가장 큰 교회가 될 것이라는 확신이 듭니다. 저도 교회 개척 멤버로 동역하고 싶습니다"라고 말했다.

사실 주님이 내게 교회를 세우라고 말씀하실 때 해주신 말씀이 있었다.

"사람을 모으지 말고 내가 네게 보내는 사람들을 섬겨라."

나는 이 말씀을 듣고, '아, 주님이 원하시는 이 교회의 첫 번째 시즌 모습은 한 영혼을 섬기고 세우는 작은 교회구나'라고 생각했다. 그런데 나와 개척을 함께하려는 이유가 1년 만에 가장 큰 교회가 될 것이라는 확신이라면 하나님이 보내 주신 동역자가 아닐 수 있겠다는 생각이 들었다. 그래서 나는 G 집사님에게 이렇게 말했다.

"집사님이 함께 동역해 주시겠다니, 말씀만으로도 너무 감사합니다. 그런데 집사님이 말씀하신 것과 제가 하나님께 받은 교회의 부르심이 다른 것 같습니다. 집사님이 저와 함께 동역하신다면 어쩌면 너무나 힘드실 수도 있을 것 같습니다."

그런데도 G 집사님은 몇 번이나 함께 개척하고 싶다고 이야기했다. 결국 나는 다시 주님께 기도하며 여쭈었고, 마침내 응답을 주셔서 교회 개척을 함께하게 되었다.

그 후로 내게는 G 집사님과 부인 J 집사님을 향한 간절한 기도 제목이 하나 생겼다. 함께 교회를 개척한 대부분의 동역자가 서로 상처받고 헤어진다는 이야기를 왕왕 들었던 것이다. 그래서 나는 G 집사님과 그 가족이 교회 개척 이후에도 상처를 주거나 받지 않기를, 우리의 관계가 은혜와 축복이 되기를 간절히 기도했다.

마침내 교회를 개척했고, 이름을 "얼바인샤이닝휄로쉽교회 (Irvine Shining Fellowship Church)"라고 붙였다. 걱정했던 대로 개척 2년이 지나도록 교회에는 아무도 찾아오지 않았다. G 집사님과 J 집사님, 그리고 두 자녀는 2년 동안 아무도 오지 않는 교회에서 헌신하고 섬겨 주었지만, 이것은 쉬운 일이 아니었다. 나 역시 목사 가정과 교인 한 가정만 예배드리는 교회를 유지하는 것이 무슨 의미가 있나 회의감이 들었다. G 집사님 가정에도 너무 부담을 지우는 것 같다는 생각에 주님께 이 교회를 계속해야 하는지에 대해 불평하며 물었다.

주님은 계획이 있으니 입 다물고 계속하라고 말씀하셨다. 나중에 알게 된 것이지만, 바로 이것이 하나님이 계획하신 이 교회의 첫 번째 시즌을 돌파하는 핵심이었다. 하나님은 G 집사님과 나를 향한 놀라운 변화의 계획을 갖고 계셨다.

우리는 아무도 찾아오지 않는 가운데 밖으로 나가서 잃어버린 영혼에게 복음을 전하고자 노숙자들을 섬기는 사역을 했는데, 그 모든 필요를 G 집사님이 감당해야 했다. 2년 동안이나 이렇게 심고 섬기게 하시더니, 주님은 G 집사님에게 놀라운 은혜의 사건을 일으키셨다.

G 집사님 가정과 함께 교회를 개척한 지 1년이 되었을 때, 우연치않은 기회로 부흥집회를 하게 되었다. SNS에 정리해 올려 둔 전도 사역 관련 글을 P 목사님이 보고 감동하여 연락을 주었는데, 그것이 계기가 되어 열린 부흥집회였다.

집회 마지막 날, 성령님이 디모데전서 5장 8절을 통해 G 집사님에게 강력한 회개의 은혜를 주셨다.

> 누구든지 자기 친족 특히 자기 가족을 돌보지 아니하면 믿음을 배반한 자요 불신자보다 더 악한 자니라 **딤전 5:8**

말씀을 읽는 순간, G 집사님에게 성령님의 조명하시는 은혜가 임하며 통곡의 회개기도가 터져 나왔다. G 집사님은 그동안 자신이 얼마나 이기적이었는지 깊이 깨달았다고 했다. 하나님을 사랑하고 이웃을 사랑하지 않았던 그동안의 자신이 얼마나 큰 죄인이었는지 깊게 깨달으면서 회개의 문이 활짝 열린 것이다. 그뿐만 아니라 주님은 확인 도장을 찍으시듯이 G 집사님에게 몸으로 강하게 느낄 정도의 뜨거운 성령 체험도 함께 주셨다. 이렇게 성령님이 직접 G 집사님 마음에 할례를 행하시는 놀라운 일을 경험했다.

이 일을 계기로 G 집사님은 전과는 비교할 수 없을 정도로 주님을 깊이 사랑하는 성령의 사람으로 완전히 변화되었다. 마음속에 있던 모든 두려움에서 자유케 되었고, 주님의 거룩을 사모하는 귀한 자녀로 변화 받았다. G 집사님에게는 언제나 기쁨과 감사가 넘쳤다. 나와 함께 밤이 늦도록 철야 기도의 자리를 지켰고, 주님의 말씀을 사모하는 마음이 커졌다.

가장 큰 변화는 마켓에 나가서 조금도 거리낌 없이 복음을 전하게 되었다는 것이다. 예전 사업상 만나던 친구들에게 미쳤다는 소리를 들으면서도 기쁨으로 복음을 전했다. 그분이 그렇게 할 수 있었던 데에는 믿음의 확신과 주님의 사랑이 힘의 원천이 되었기 때문이다.

나 역시 눈앞에서 40대 남성이 성령의 역사로 회개하고 믿음의 사람으로 완전히 변화되는 것을 보고 뜨거운 감사와 찬양의 눈물을 흘렸다. 한 영혼을 사랑하시고 놓지 않으시며 끝내 놀랍게 변화시키시는 주님 앞에 이 교회를 왜 계속 지켜야 하느냐고 통곡하고 원망했던 내 불신과 인간적인 생각들을 회개했다. 그리고 한 영혼을 변화시키시는 주님의 부르심에 앞으로 어떤 어려움과 고난이 와도 멈추지도 말고 뒤돌아보지도 말고 모든 것을 걸고 헌신하고 순종하겠다고 결단했다. 대형 교회 부목사로 사역하며 나도 모르게 들어왔던 교만한 마음, 한 영혼의 존귀한 가치에 대해 어느새 마음이 식고 굳어져 있던 내 모습을 철저히 회개했다. 한 영혼을 천하보다도 더 소중하게 여기시는 주님의 마음을 품는 귀한 시간이었다.

11 주 여호와께서 이같이 말씀하셨느니라 나 곧 내가 내 양을 찾고 찾되 12 목자가 양 가운데에 있는 날에 양이 흩어졌으면 그 때를 찾는 것같이 내가 내 양을 찾아서 흐리고 캄캄한 날에 그 흩어진 모든 곳에서 그것들을 건져낼지라 겔 34:11-12

주님은 얼바인샤이닝휄로쉽교회 첫 번째 시즌 사역을 통해서 주님의 몸 된 교회를 세우게 하신 목적이 주님의 양을 찾고 찾는 것이라는 사실을 알게 하셨다. 캄캄한 날에 흩어진 모든 곳에 찾아가 양들을 건져내는 것이 주님이 가장 원하시는 교회의 우선순위임을 알려 주시고 체험하게 하셨다.

위기의 두 남자와 함께

응급실 교회에서의 영혼 치유와 회복의 기쁨은 마치 꿈을 꾸듯 달콤했다. 그러나 6개월 후, 예기치 못한 이별과 함께 새로운 사역과 도전의 시즌이 다가오고 있었다. 사도행전의 놀라운 기적의 사건들로 세워진 완벽한 공동체였던 예루살렘교회가 열방으로 흩어져 예수님의 복음을 전하는 사명 앞에 직면해야 했던 것처럼, 성령의 역사를 경험하고 변화 받은 G 집사님 가족에게 파송의 시간이 다가왔다.

성령님은 큰 은혜를 베풀어 주신 후에, G 집사님 가족을 파송하게 하셨다. G 집사님과 그의 가족이 미국 동부로 이사를 가게 된 것이다. 나는 G 집사님과의 이별을 준비하며 주님 안에서 만남의 기쁨도 있지만 각자의 사명을 따라 걸음을 떼는 이별의 아쉬움도 있다는 사실을 새삼 깨달았다. 주님의 몸 된 교회 공동체는 십자가 구원의 은혜를 받은 자들이다. 따라서 우리는 다시 오실 예수님을 기다리며 함께 모여 예배하면서 부르심이 있을 때는 은혜와 사명을 받고 순종하여 떠나야 함을 잊어선 안 된다. 거기에 성령님의 역사와 인도하심이 있다. 고인물이 아니라 주님의 보좌로부터 흘러나오는 생수의 강이 되어 성령님의 인도하심을 따라 멈추지 않고 흐르고 흘러 생명의 강을 이루고 바다를 이루는 것이다. 감사하게도 G 집사님은 주님이 예비하신 그곳에서 지금도 열방의 선교를 위해 너무나 귀하게 헌신의 길을 걷고 있다.

하나님이 예비하신 이별이었고 아름다운 파송의 과정이었지만, G 집사님 가족을 LA 공항에 태워다 드리고 돌아오는 발걸음은 무거웠다. 주님의 인도하심에 감사했지만, 홀로 남겨진 것 같은 마음이 몰려왔기 때문이다. 그동안 함께 전도도 하고 예배도 드리며 주님이 역사하신 놀라운 변화와 은혜 가운데 기쁨과 감사가 넘쳤는데, 아쉬움과 상실감에 홀로 세차장에 가서 멍하니 차를 닦고 또 닦았다.

며칠 전 주님께 교회 사역을 계속해야 할지를 물었을 때 주님은 분명하게 계속하라는 응답을 주셨다. 하지만 유일한 가족 같았던 G 집사님 가족이 떠나면서 심정적으로나 재정적으로 어려운 상황에 직면할 것이 분명했다. 그러나 주님은 다시 한번 "내 교회를 세우라"고 말씀하셨다. 그리고 주님의 교회는 주님이 책임지고 이끄신다는 응답을 다시 한번 주셨다.

그렇게 세차장을 떠나지 못하고 차를 닦고 있을 때 핸드폰이 울렸다. 모르는 번호였는데 LA 근처 도시에 살고 있는 P 집사님이었다. 지인을 통해 내 전도 소식을 받아 보면서 꼭 만나 보고 싶었는데, 오늘에서야 용기를 내게 되었다고 이야기했다. 그 자리에 서서 P 집사님과 3시간 가까이 통화하면서 새로운 제자훈련이 시작되고 있음을 감지할 수 있었다.

P 집사님은 세계적인 엔터테인먼트 회사에서 일하면서, 교회에서는 안수집사로 섬기고 있었다. 그분은 세상과 주님 사이에서 방황하며 이중적인 삶을 살았다고 자신을 소개했다. 주님을 위해 뭔가 하겠다는 말은 했지만 사실 내면은 주님을 실제로 만나지 못했고 여러 죄에 노출된 세상적인 그리스도인으로 살았다는 것이다.

그러다 교회 기도 모임에서 담임목사님에게 안수 기도를 받고 전혀 예상치 못한 일을 경험했다. 성령님이 P 집사님의 영혼을 어루만지시는 체험을 하게 된 것이다. 살아 계신 하나님을 귀로만 듣다가 '직접 눈으로 보는' 은혜를 받은 것이다. 이 은혜의 체험은 집사님을 그간 지은 죄에 대한 깊은 회개로 인도했다. 그리고 오직 믿음으로 예수님만을 위해 살겠다는 결단으로 연결되었다.

하지만 급작스러운 변화는 출석하던 교회에서 생각지도 못한 갈등으로 이어졌다. P 집사님이 출석하던 교회는 보수적인 교단에 속해 있었는데, 그분이 받은 은혜가 오히려 다른 사람을 판단하고 충돌하는 결과로 이어지게 된 것이다. P 집사님은 혼란한 상황 가운데서 내게 연락을 주었다. 사도 바울도 다메섹 도상에서 놀라운 주님의 은혜를 경험한 후에 아라비아 광야에서 수년간 시간을 보냈던 것처럼, P 집사님도 주님 안에서 정리되고 다듬어지며 훈련되어야 할 시간이 필요한 것 같았다.

나는 P 집사님과 함께 제자훈련을 하기로 했다. 그러던 중 주님은 또 한 분의 형제를 보내 주셨다. 웨인 집사님이다. 그는 부인과 이혼하고 자녀와 떨어져 홀로 지내고 있었다. 웨인 집사님도 세계적인 자동차 회사에서 일하고 있었는데, 가족과 헤어져 상실감과 상처 속에 홀로 지내다가 동생의 소개로 우리 교회에 오게 되었다고 자신을 소개했다. 두 번째 제자훈련은 이렇게 두 분과 새롭게 시작했다.

우리는 마켓에서 함께 노방전도하고 식사하고 예배드리고 기도와 말씀으로 교제했다. P 집사님은 금요일 교통체증이 극심한 시간에 2시간 30분을 운전하고 와서 마켓 전도는 물론 예배와 교제에 참여했다. 그뿐만 아니라 금요일 밤부터 토요일 새벽까지 함께 기도와 말씀으로 보내기도 했고, 성경을 앞에 놓고 대화하며 믿음과 구원 그리고 하나님 나라와 우리의 삶에 대해서도 깊은 대화를 나누었다. 그러는 동안 우리는 울고 웃으면서 마음의 치유와 회복을 경험했다.

세 남자의 모임은 마치 초대교회의 모습과 같았다. 오직 주님 앞에서 목청을 높여 찬양하고 기도하고 예배드렸다. 우리는 내 뜻을 내려놓고 주님의 뜻만을 구하는 자세로 그 시간에 임했다. 주님의 말씀을 나누고 고백하는 시간이 너무나 행복했고, 자연스럽게 기쁨과 감사가 넘쳐났다. 나의 만족과 유익을 구하는 종교 서비스가 아니라, 주님 안에서 한 몸을 이루는 참된 예배의 모습이었다. 우리의 교제와 가르침과 전도와 구제의 시간은 온 힘을 다해 주님의 마음을 닮아 가고자 애쓴 성장과 성숙의 시간이었고, 누구도 부러울 것 없는, 주님 안에서 은혜가 넘치는 시간이었다.

그렇게 위기 가운데 있던 40대 남자 세 명은 예수님의 이름으로 함께 모여 순종의 시간을 보내고 다시금 매일의 호흡 속에서 믿음과 소망과 사랑을 꿈꿀 수 있게 되었다. 아무것도 없어 보였던 교회에서 깨어진 인생의 아픔과 고통으로 가득 찼던 세 사람이 예수님으로 충만함을 누리게 되었다.

주님이 사랑하시는 한 영혼을 섬긴다는 것

마켓에 나가 전도할 때 재미있고 신기한 경험을 했다. 어떤 사람을 만나면 성령님이 "저 사람은 너희 교회에 와야 한다!"라는 음성을 들려 주신 것이다. 하지만 정작 그들은 아무도 교회에 오지 않았다. 심지어 어떤 분은 우리 교회로 가라고 하시는 성령님의 음성을 들었다면서 왔지만, 곧 떠나기도 했다.

나는 그때 주님의 뜻이 있어도 사람의 믿음의 반응에 따라서 결과가 달라질 수 있다는 사실을 알게 되었다. 하지만 주님은 우리를 예정하고 선택하셔서 은혜 주시고 축복하시며 모든 것을 합력하여 선을 이루게 하시는 분임을 더욱더 확신하게 되었다.

수잔 집사님을 만난 것도 그 무렵이었다. 하루는 마켓에서 전도하는데, 두 아이를 둔 젊은 엄마를 만났다. 그녀가 바로 수잔 집사님이다. 성령님은 말씀하셨다.

"저 사람은 너희 교회에 와야 한다!"

나는 곧바로 대답했다.

"네, 성령님, 알겠습니다. 그렇지만 와야 오는 거죠! 제가 오라고 한다고 오나요?"

그러고 나서 나는 그녀에게 다가가 조심스럽게 말을 걸었다. 우리의 대화는 자연스럽게 이어졌고, 나도 기쁜 마음으로 복음을 전했다. 대화 가운데 성령님의 감동이 느껴졌다. 필요한 이야기를 다 전한 후에 나는 축복해 주면서 수잔 집사님과 헤어졌다.

수잔 집사님의 둘째 딸 샤론은 어려서부터 몸에 열이 나며 사지가 뒤틀리는 병증이 있었다. 그런데 나중에 들은 이야기로, 우리가 처음 마켓에서 대화를 나누고 나서 얼마 지나지 않아 갑자기 샤론의 병세가 극심해져 세인트조셉 병원 응급실로 실려 갔었다는 것이다. 담당 의사는 더는 방법이 없다며 돌아갔고 수잔 집사님은 샤론과 병실에서 밤을 지새웠다. 그날 수잔 집사님은 주님께 매달리며 부르짖었다. 원망과 불평이 가득한, 주님을 향한 울부짖음이었다. 사투를 벌이는 기도 끝에 성령님의 음성을 들었다.

"회개하라!"

그것은 뜻밖의 음성이었다. 주님을 믿는다고 고백했지만, 여전히 세상에 대한 욕심과 불신으로 가득하고 주님보다 돈과 쾌락과 세상의 성공을 더 사랑하는, 우상이 가득한 삶에 주님의 조명이 비친 것이다. 수잔 집사님은 딸이 누운 병실 침대 밑에서 엎드린 채 회개의 눈물을 터뜨렸다. 여전히 딸의 몸은 불덩어리 같았다. 수잔 집사님은 처음으로 시간 가는 줄 모르고 주님 앞에서 깊이 기도했다. 밤을 새우며 기도하는 가운데, 갑자기 샤론의 열이 내리고 증세가 호전되면서 위기를 넘길 수 있었다.

그날 수잔 집사님은 주님께 감사의 기도를 드리며, 이제 어떻게 살아야 하느냐고 물었다고 한다. 그때 성령님이 분명하게 이렇게 말씀하셨다고 했다.

"이은호 목사에게 가라."

그때부터 수잔 집사님은 우리 교회 금요예배에 참석하기 시작했다.

금요예배에 참석한 첫날, 성령님이 수잔 집사님에게 큰 은혜를 주셨다. 그리고 그날 수잔 집사님은 자신 안에 있는 영적인 문제를 발견하고 직면하게 되었다. 사실 수잔 집사님은 20대부터 공황장애로 어려움을 겪고 있었다. 지금이야 많이 알려진 증세이고, 정신과적인 치료를 받는 것 또한 감기로 내과를 가듯 자연스러운 일이지만, 그때는 조금 달랐다. 나와 아내는 공황장애로 고통당하는 사람은 처음이었다. 수잔 집사님의 공황장애 증상이 심해지면서, 집사님 내면의 정신적, 영적인 문제들이 드러나기 시작했다. 집사님을 둘러업고 응급실로 달려가기도 하고, 귀신의 공격을 받아서 괴로워하는 집사님을 위해 아내와 함께 붙들고 몇 시간 동안 축사 기도를 하기도 했다. 성령님은 수잔 집사님 한 영혼을 붙들고 돌보는 동안 계절이 바뀌는 줄도 모르게 하셨다. 가을에 시작된 수잔 집사님의 증상은 봄이 지나서야 안정이 되기 시작했다.

그 후 10년 동안 갖가지 위기와 고비가 파도치듯 닥쳐 왔지만, 우리는 함께 눈물로 기도하면서 주어진 믿음의 길을 걸었다. 수잔 집사님 또한 계속되는 몸과 정신의 극심한 고통 속에서도 주님의 말씀을 붙들고 주님 앞에 목숨 걸고 부르짖어 기도했다. 그 결과 수잔 집사님은 주님의 놀라운 치유와 회복의 은혜를 받았다. 처음에 집사님은 음식을 먹는 일도 힘들어하고, 어지럽다며 거동도 잘하지 못했는데, 그동안 주님이 영적으로도 강건하게 하셨고 몸과 정신도 놀랍게 회복시켜 주셨다. 무엇보다 자신의 깊은 죄성과 자아 중심성을 회개하며 주님을 사랑하고 주님 나라를 위해 헌신하는 삶으로 변화되었다. 지금은 아프고 연약한 몸을 이끌고 매일 마켓에 나가 전도하고, 가족과 함께 집 주변 노숙자들도 섬기고 있다.

정말 감사한 일은 수잔 집사님이 교회에 나오기 시작하고 3년 만에 둘째 딸 샤론이 완전히 치료된 일이다. 유치원생이었던 샤론은 지금 고등학생이 되었다. 몸도 건강할 뿐만 아니라 공부도 잘한다. 주일이면 퍼커션을 치며 예배를 섬기고 있다.

수잔 집사님은 매일 찾아와 함께 기도하고 돌봐 준 우리가 없었다면 자신은 삶의 문제와 고통 속에서 자살로 생을 끝냈을 것이라며 늘 감사해한다. 그러나 우리는 오히려 수잔 집사님을 우리에게 보내 주시고, 주님이 사랑하시는 한 영혼을 돌보고 섬길 수 있는 은혜와 축복을 주셨음에 감사와 찬양을 올리게 된다. 이 모든 것은 우리를 포기하지 않으시고 끝까지 사랑하시는 주님의 사랑의 역사이다. 주님의 놀라운 은혜와 사랑, 기적의 역사를 찬양한다. 그 어떤 사역보다 주님의 마음을 깊이 배우고 훈련받은 시간이었다.

내가 재벌집 막내 아들?

이민 교회가 자립하기 위해서는 최소한 헌금하는 가정이 열 가정 이상 있어야 한다고들 말한다. 그런 점에서 얼바인샤이닝휄로쉽교회는 영원한 미자립 교회이다.

마켓과 거리에서 전도를 하고 있으면 타 교회 교인들이나 목회자 분들이 안타깝게 보곤 했다. 그런다고 교인이 모이는 것이 아니라며, 헛수고하는 것이라는 말도 들었다. 어떤 분은 교회가 어디인지, 교인이 몇 명인지를 묻고는 놀라며 안타까워했다. 저러다가 제 풀에 꺾여서 관두겠지, 결국 교회도 접겠지 하는 시선이었던 것 같다. 사실 얼바인샤이닝휄로쉽교회는 새신자가 모이기 어려운 교회가 맞다. 일단 미자립 교회이기 때문에 성도들로서는 헌금에 대한 부담이 클 수밖에 없다. 거기다 자녀들 교육부서가 제대로 없으면 교인들이 모이지 않는 것도 사실이다.

그러나 내가 마켓과 거리에서 전도한 것은 교인을 모으기 위해서가 아니었다. 그저 영혼들에게 예수님과 구원의 복음을 전하라는 주님의 명령에 순종하기 위함이었다. 그런데 주님은 내가 그저 순종할 때 너무나 귀한 주님의 은혜 받은 자녀를 보내 주셨고, 그들의 섬김을 통해 교회를 세워 가셨다. 이것은 정말 신비로운 주님의 은혜이고 겸손하게 감사와 찬양을 올릴 수밖에 없는 이유이다.

단순히 재정과 필요가 채워졌기 때문에 감사하다는 것이 아니다. 주님의 은혜를 받아 회복과 치유를 경험한 존귀한 영혼들의 헌신의 열매를 볼 수 있었기 때문에 오직 감사이다. 그래서 나는 주님의 명령에 따라 계속해서 마켓과 거리에 나가 영혼들을 섬기고 복음을 전했다. 그리고 보내 주시는 영혼들에게 회개와 믿음의 복음을 전하고 함께 기도에 힘썼다.

G 집사님 가정은 이사한 후에도 5년 가까이 계속해서 헌금을 보내 주셨다. 그 덕분에 교회는 비록 헌금할 교인이 없었는데도 전도 사역과 노숙자 사역을 계속 이어 갈 수 있었다. 그뿐만 아니라 주변에 도움이 필요한 분들에게 먼저 손을 내밀어 도울 수 있었다.

처음 전도를 시작할 때는 전도지 살 돈도 빠듯했다. 어느 전도지 만드는 단체에서 무료로 올려 준 자료를 다운로드 받아 출력해서 사용했다. 그때는 전도하면서도 "주님, 정당하게 돈 내고 전도지 사서 사용하게 해주세요" 하고 중얼거리듯 기도했는데, 지금은 전도지를 살 뿐만 아니라 필요한 사람들에게 나눌 수도 있게 되었다.

재정적으로 힘들 때 주님은 오히려 노숙자를 섬기게 하셨다. 교회가 있는 얼바인 옆에 산타아나라는 도시가 있는데, 하루는 주님이 그곳에도 가서 전도하라는 음성을 주셨다. 순종하는 마음으로 갔는데, 그곳에서 정말 많은 노숙자를 만나게 되었다. 나는 매일 교회에 출근하면서 99센트 할인마켓에 들러 샌드위치 재료를 샀다. 그것으로 30여 개의 샌드위치와 음료 패키지를 만들었다. 그걸 들고 산타아나에 가서 한 시간 정도 차를 운전해 거리 곳곳을 다녔다. 노숙자를 만나면 차를 세우고 샌드위치와 음료를 전해주고 전도지를 드리며 축복했다. 나중에는 동네 곳곳에 있는 노숙자들의 근거지에 대해 훤히 알게 되었다.

그렇게 몇 달이 지났을 무렵 아내를 통해 지출이 감당하기 어려운 상황임을 알게 되었다. 처음에는 마음이 흔들렸다. 복잡한 마음으로 운전해서 산타아나에 전도를 갔는데, 길을 잘못 들어서 오던 길로 되돌아가던 중이었다. 햇볕이 강하게 비치고 너무도 더운 낮이었다. 그때 눈앞에 20대 여자 노숙자가 보였다. 그녀는 쓰레기통을 뒤져 다 썩은 음식물을 꺼내고 있었다. 나는 차를 멈추고 그녀에게 다가갔다. 그리고 내가 갖고 있던 모든 것을 다 드리고 돌아왔다. 그날 아내와 함께 그 일을 나누었다. 그때 아내가 내게 말했다.

"주님이 우리를 이곳에 보내신 이유와 목적, 이곳에 교회를 세우게 하신 이유와 목적이 이거잖아요!"

우리는 다시금 마음을 다잡고 가진 모든 것을 다 팔아서라도 끝까지 주신 소명을 감당하겠다고 결단했다.

다음 날 새벽예배를 드리러 교회 문을 여는 순간 아내와 나는 너무나 놀라고 말았다. 바닥에 두 통의 편지가 있었다. 하나는 가든그로브에 사는 H 집사님이 보낸 편지였고, 또 다른 하나는 주일예배에 참석하는 노숙자 줄리어스 형제가 보낸 편지였다. H 집사님은 어제 새벽에 기도를 하는데, 주님이 노숙자 사역하는 목사에게 500달러를 보내라는 응답을 받았다고 했다. 봉투에는 현금 500달러가 동봉되어 있었다. 줄리어스 형제가 보낸 편지에도 현금이 있었다. 정부에서 지원금이 나왔다면서, 그중 십일조를 떼어 드린다는 편지였다. 나는 떨리는 손으로 현금이 든 두 봉투를 들고 깊은 회개와 감사의 눈물을 흘렸다.

'모든 주권이 주님께 있고 나는 단지 심부름꾼인데, 왜 내가 걱정하고 염려했을까. 왜 내가 결정하고 판단하며 두려워하고 머뭇거렸는가!'

그 후로도 우리는 5년간 노숙자 사역을 계속했다. 주님은 그때마다 필요한 재정을 모두 채워 주셨고 우리가 감당할 수 있게 해주셨다. G 집사님의 5년 작정 헌금이 끝날 즈음에는, 은혜와 회복을 경험한 또 다른 성도들을 통해 매달 재정을 채워 주셨다. 하나님은 멈추지 않고 우리가 영혼들을 돌보고 섬길 수 있도록 역사하셨다.

사도행전을 일컬어 성령행전이라고들 말한다. 주님이 주도하신 신령한 역사의 발자취이기 때문이다. 그런데 사도행전은 그 제목처럼 주님이 부르고 보내신 사람들의 발자취이기도 하다. 지난 10년이 넘는 얼바인샤이닝휄로쉽교회의 발자취도 성령님이 역사하신 발자취이고, 동시에 주님의 은혜와 회복을 경험한 귀한 영혼들의 발자취이다.

한번은 마켓에서 만난 다른 교회 교인이 내게 물었다.

"아직도 전도하시네요. 교인도 없기에 몇 년 하다가 접고 떠나실 줄 알았는데 대단하시네요. 혹시 재벌집 막내아들이신가요?"

나는 그분에게 당당하게 있는 그대로 대답했다.

"네! 하늘에 계신 제 아버지가 초재벌이십니다!"

그럼에도 주님이 원하신다면

어느 날 저녁에 마켓에서 한 아주머니를 만났다. 미국 사람으로 보여서 영어로 예수님 믿으시냐고 물어보니 너무나 단호하게 "No!"라고 대답하고 쳐다보지도 않고 지나갔다. 눈조차 마주치지 못하고 대화도 못해 봤지만 계속 생각이 나서 그분을 위해 기도드렸다.

몇 달이 지나서 평소에 알고 지내던 집사님 부부를 만났다. 그들은 그 지역에서 꽤 규모가 있는 교회에서 새가족 사역을 섬기고 있었다. 그들을 통해 그날 만났던 그 아주머니에 대한 놀라운 이야기를 듣게 되었다. 사실 그 아주머니는 미국인과 결혼한 한국인이라고 했다. 20년 전에 교회에서 상처를 받아 떠났고, 지금껏 한 번도 예배에 참석하지 않았다는 것이다.

그런데 저녁에 마켓에서 나를 만났는데, 한국식 악센트로 "Do you believe in Jesus Christ(예수님 믿으십니까)?"라고 물어봐서 짜증이 나 단칼에 "No!"라고 거절하고 집에 돌아왔다. 그런데 그날부터 이상한 일이 일어났다. 한 달 동안 매일같이 "Do you believe in Jesus Christ?"라고 묻던 내 질문 소리가 계속 들렸던 것이다. 결국 그분은 '예수님이 나를 다시 부르시는구나!'라고 깨닫고, 남편과 함께 20년 만에 교회 예배에 참석했다.

그 아주머니 부부가 새가족반에 등록하면서 집사님 부부도 그분을 알게 되었다. 사실 집사님 부부도 내가 전도하는 모습을 보면서 '저렇게 전도한다고 누가 교회에 오나?'라고 생각했다고 한다. 그런데 생각지 못하게 20년 만에 교회로 돌아온 분의 간증을 들었고, 마침 주일 저녁에 마켓에 장 보러 왔다가 주차장에서 전도하던 나를 보고 달려와 인사를 한 것이다.

어떤 목사님이 이렇게 말한 것을 들은 적이 있다.

"예수님처럼 목회하면 망합니다!"

《바보 예수》라는 책도 있다. 물론 예수님을 따라가는 목회가 망할 리도 없고, '바보'라는 수식어가 하나님의 아들이신 예수님과 어울리지도 않는다. 다만 자기 욕심이나 사역의 확장과 상관없이 영혼을 향한 사랑 때문에 십자가에서 희생하신 예수님을 설명하는 역설적인 비유이다.

성령님이 내게 거리와 마켓에서 전도하라고 말씀하신 이유는 다민족이 함께 사는 미국에서 복음을 듣지 못한 영혼들에게 복음을 전하기 위해서이다. 또한 오래 전에 교회를 떠난 사람들과 교회 출석은 하지만 믿음이 흔들리는 이들에게 예수님의 복음으로 다시금 격려하기 위해서이다. 여러 사정으로 도움의 사각지대에 놓여 있는 영혼들에게 보내셔서 긴급한 영적 응급처치와 도움을 받고 다시 기존의 교회로 보내는 응급실 같은 교회와 터미널 교회의 사명에 대해 말씀하셔서 그 사명과 역할을 감당하게 하셨다.

이런 목회 사역은 교인 수나 성장과는 거리가 멀고 재정적으로도 어려울 수 있다. 그러나 주님은 사역에 필요한 모든 것을 공급해 주셔서 사명을 계속해서 감당할 수 있게 하셨다. 나는 교회를 개척하고 10년이 넘는 기간 동안 하루하루 성령님께 묻고 귀 기울이며 주님이 원하시는 부르심과 사명에 순종하려고 집중했다.

뉴욕에 있는 브루클린태버너클교회 성가대가 부른 "Faithful to the End(끝까지 신실하신 주님)"라는 제목의 찬양이 있다. 한 치 앞도 보이지 않는 매일의 삶과 사역 속에서 큰 위로와 감동을 준 주님을 향한 고백의 노래이다.

모든 것이 불확실하고 두려울 때,
모든 계획이 다 실패하고 사라질 때,
미래는 불투명하고
내가 할 수 있는 것은 기다리는 것뿐일 때,
그때에, 내 마음속에 한 가지 약속이 울립니다.

주님은 끝까지 신실하신 분입니다.
주님은 계속해서 공급해 주실 것입니다.
주님은 정말로 신실하시고
내가 끝까지 의뢰할 수 있는 분입니다.
주님은 나의 모든 것이 사라져 갈 때,
그때 거기에 함께 계십니다.
주님의 사랑은 나의 고통보다 더 강합니다.
주님의 은혜는 측량 못 하고 상상할 수 없습니다.
저를 향한 주님의 용서는 끝이 없습니다.

오! 주님의 깊은 사랑을 아는 것이
가장 복된 믿음의 확신입니다.

이 찬양의 가사를 나 또한 신앙고백으로 하나님께 올려 드린다.
비록 내일 내가 가야 할 길은 보이지 않지만, 그럼에도 주님이 부르
시는 자리가 있다면 나는 주저 없이 달려갈 것이다.

2
chapter
모이는 교회 말고
찾아가는 교회

거리와 마켓에서 선교하라니

처음 주님이 마켓에 가서 복음을 전하라고 하셨을 때 사실 내 마음에는 동의하지 않는 마음이 있었다. 몇 가지 이유 때문이었다. 첫 번째는, 미국은 이미 기독교에 대해서 부정적인 더블 포스트 모더니즘(Post Post Modernism) 시대의 분위기가 팽배했다. 흔히 말하는 포스트 크리스텐돔(Post-Christendom) 문화 속에서 기존의 모든 기독교의 가치를 부정하는 분위기였다. 그런데 마켓에서의 노방 전도가 과연 적절하고 효과적인가에 대한 의문이 있었다. 두 번째는, 이미 얼바인에 사는 한인들은 거의 다 교회에 다니지 않을까 하는 생각 때문이었다. 마지막으로, 나는 이미 대형 교회에서 사역하던 경험이 있었고, 주일 저녁 열린예배 담당자였는데 마켓에서 노방전도라니, 내키지 않았다.

그러나 막상 순종하여 마켓에 가서 영혼들을 만나 보자 생각이 조금씩 바뀌었다. 하나님 말씀에 동의하지 않았던 것에 대해 다시 생각하게 되었고, 주님이 왜 내게 마켓 전도를 시키셨는지 깨달았다.

첫 번째로, 미국 사회와 문화는 처음 걱정대로 반기독교적인 정서가 강하지만, 여전히 영혼 구원에 대한 하나님의 마음이 더욱 더 간절하다는 사실을 알았다. 마켓에서 사람들을 만나 대화할 때마다 '우연 같은 필연적 만남'이었다는 사실을 깨달았고, 이 모두가 주님의 예비하심이었음을 알았다.

나는 강제적이고 일방적으로 전도하기보다, 미국의 문화를 존중하면서 처음 만나는 사람에게도 자연스럽게 인사를 나누었다. 또 마켓 카트를 치워 주거나 하는 식의 작은 섬김을 통해 대화의 기회를 얻었다. 그럴 때 스쳐 지나간 수많은 사람 속에 복음에 갈급한 예비된 한 영혼을 만나는 사건이 계속되었다. 특히 얼바인이라는 도시는 신약의 안디옥과 같은 곳이었다. 소말리아, 말리, 아프가니스탄, 시리아, 이스라엘, 사우디아라비아, 아르메니아, 중국, 일본, 베트남, 멕시코, 칠레 등 다양한 언어권과 인종, 다양한 세대의 사람을 만날 수 있었다. 마켓과 거리가 온통 선교지 같았다. 그들은 폐쇄적인 자신의 나라와 문화권과 달리 이민자의 입장에서 좀 더 열린 마음으로 예수님의 복음에 귀 기울여 주었다. 익숙한 사람들, 익숙한 언어와 문화권에 머물다 보면 선교적 만남이 닫히곤 하는데, 나는 이곳에서 예수님을 들어 보지 못한 수많은 영혼을 만날 수 있었다. 조지 바너 리서치에 따르면 한 영혼이 주님께 돌아오려면

스무 번 이상의 영적인 터치가 있어야 한다는데, 그중 한 번이 나와의 만남일 수 있겠다는 마음으로 전심을 다했다.

하루는 큰 농장 주인인 로버트라는 백인 할아버지를 만났다. 로버트는 기독교 가정에서 태어난 모태 신앙인이었다. 청소년이 되면서 하나님이 실제로 계신지 궁금했고 하나님과 대화가 가능한가에 대한 질문이 생겼다. 그런데 전통적이고 형식화된 교회 문화 속에서 주님과의 친밀한 교제를 누리는 것에 대해서 아무도 설명해 주는 사람이 없었다. 중고등학교 때 진화론에 대해 배우면서 하나님의 실재에 대해 의심하게 되었고, 결국 70년 동안 교회를 떠나 살고 말았다.

로버트를 만났을 때, 나는 예수님을 믿느냐고 물어보았다. 그러자 그는 미소 지으며 되물었다.

"당신은 성경을 믿습니까?"

"그럼요! 아브라함을 아세요?"

"나도 70년 전에는 주일학교에 다녔어요. 아브라함은 믿음의 조상이지요."

뜻밖의 대답에 나는 계속 질문을 이어 갔다.

"그러면 아브라함은 어떨까요? 그는 성경을 읽어 보았을까요?"

그러자 그의 눈이 커졌다. 그러면서 내게 답이 뭐냐고 물었다. 나는 대답했다.

"성경은 모세 이후에 기록되었기 때문에 아브라함 시대에는 성경이 없었습니다. 그러나 아브라함은 말씀이신 하나님을 직접 만나고 대화했기에 믿음의 조상이 될 수 있었지요."

이는 로버트가 70년 전부터 가졌던 질문을 해결할 실마리가 되어 주었다. 그는 나에게 자신이 갖고 있던 70년 전의 질문에 대해 이야기하기 시작했다. 평생 자신이 주님께 돌아오기를 기도했던 부모님에 대해서도 말했다. 그리고 사실 자신도 하나님을 실제로 만나고 대화할 수 있는지 궁금했고 정말 소원했었다고 진지하게 말했다. 나는 먼저 로버트에게 마음을 다해 이야기했다.

"당신 부모님의 기도로 우리의 만남이 허락된 것 같네요. 그리고 하나님은 당신 부모님의 하나님이 아니라 당신의 하나님으로 직접 만나 대화하기를 원하십니다. 주님의 말씀을 읽고 묻고 대화를 시작하면 영으로 공명되며 주님과의 교제와 대화를 시작할 수 있습니다."

나는 70년 동안 로버트를 기억하고 기다려 주신 주님이 주님의 타이밍에 그를 친밀한 관계로 초청하고 계심을 강하게 느낄 수 있었다. 로버트는 진지하게 대답했다.

"I will try(해볼게요)!"

이렇게 하나님에 대한 의문을 가지고 70년간 교회를 떠났던 로버트는 영어도 미숙한 어느 동양인 목사의 입을 통해 평생 풀지 못한 질문에 대한 답을 들을 수 있었다. 그 후로 10여 년이 지나는 동안 나는 그를 다시 만나지는 못했다. 하지만 나는 여전히 그를 위해 기도하고 있고, 천국에서 만날 것이라 확신하고 있다.

주님은 발람 선지자에게 메시지를 주시려고 당나귀의 입도 사용하셨다. 물론 나는 선교사의 마음으로 예수님의 복음을 전하기 위해 계속해서 영어 공부를 하고 있다. 그러나 우리의 부족함을 아시는 주님이 우리를 부르실 때, 전심으로 순종하는 가운데 주님의 놀라운 은혜의 역사를 일으키심을 거리와 마켓에서 매번 경험했다.

이렇게 마켓과 거리에서 '우연적 필연'이란 제목의 주님이 예비하신 만남이 수시로 일어났다. 그 과정에서 주님은 당신이 친히 역사하고 계심을 목도하게 하셨다. 정말 주님은 어제나 오늘이나, 천 년 전에도 지금도 여전히 역사하고 계시다!

어느 날 마켓에 전도하러 나가려는데, 일본어 성경 일부분을 복사해서 가지고 가야 한다는 마음이 강하게 들었다. 뭔가 성령님의 인도하심이 있겠구나 하는 생각이 들어 가지고 나갔다. 그날 나는 마켓 주차장에서 차 창문을 열고 도시락을 먹던 이와사키와 요시코라는 일본인 노 부부를 만났다. 식사하는 데 폐가 되지 않을까라는 생각이 들었지만, 뭔가 지금 꼭 전해야 한다는 마음이 들었다. 나는 조심스럽게 그들에게 다가가 반갑게 인사했다. 그들은 식사를 멈추고 나를 봐 주었다.

두 분 다 영어를 잘해 이런 저런 많은 애기를 나누게 되었다. 내가 목사라고 말하니 자신들의 종교는 불교라고 했다. 그래서 나도 불교 신자였는데 어떻게 예수님을 믿고 목사가 되었는지에 대해 간증했다. 두 분은 이야기에 마음이 열렸는지 귀 기울여 들어 주었다. 그 모습을 보면서 두 분을 기다리고 사랑하시는 주님의 마음이 느껴져 오히려 내가 큰 감동을 받았다. 여러 이야기 끝에 내가 말했다.

"삶의 마지막에 이르기 전에 꼭 예수님께 직접 나아가 영원한 삶과 구원에 대해 물으셔야 합니다."

두 분은 고개를 끄덕였다. 그때 전도 나오기 전에 준비한 일본어 성경 복사본이 생각났다. 그걸 드리며 "하나님 말씀인데 한번 읽어 보실래요?"라고 말하니 고맙다며 흔쾌히 받았다.

놀랍게도 그날 나는 준코라는 또 한 명의 일본계 여성을 만났다. 준코는 일본에 살 때 사찰과 교회를 번갈아 다녔다고 했다. 그리고 미국에 이민 와서 교회를 전혀 다니지 않게 되었는데, 얼마 전부터 교회에 다시 가고 싶고 예수님을 믿고 싶은 마음이 들었다고 했다. 어떻게 해야 하나 고민하던 중에 나를 만나게 되었다고 해서 너무 놀랐다. 나는 예수님을 인생의 주인으로 모시는 회개와 믿음에 대해 말했다. 그리고 주변에 있는 크리스천 일본인 친구와 함께 교회에 나가 예배를 드리라고 권면하니 너무나 감사하다고 말하며 기쁨으로 헤어졌다. 사도행전의 매 장에서 발견하듯이 주님은 우리를 먼저 사랑하셔서 먼저 찾아오시고 먼저 역사하신다. 그런 주님의 사랑과 역사하심을 경험하는 시간이었다.

두 번째로, 얼바인에 사는 모든 한인이 다 교회에 다닐 것이라는 내 생각은 몇 년간의 전도를 통해 허상이었음을 알게 되었다. 그동안 만난 한인 열 명 중 교회에 다니는 사람은 여섯 명 정도에 불과했다. 게다가 그 여섯 명 중 구원의 확신이 있는 사람은 세 명 정도였다. 그저 교회에 다닐 뿐 구원의 확신이나 거듭남의 분명한 경험과 간증이 있는 사람은 드물었다. 시간이 갈수록 그 숫자마저 줄어

들었다.

　나는 시간이 갈수록 왜 주님이 마켓과 거리에 나가서 복음을 전하라고 하셨는지 그 이유를 알게 되었다. 그리고 우리 교회에는 교인이 없으니 오히려 마켓과 거리에서 더 다양한 세대와 인종의 영혼을 격의 없이 만나 복음을 전할 수 있었다. 하루는 주님이 "네게 찾아와 설교 듣는 자보다 네가 직접 거리로 나가 전도할 때 복음을 듣는 영혼이 셀 수 없이 많을 것이다. 그러니 열심히 전하라"라고 말씀하셨다. 어느 순간 내가 마켓과 거리에서 얼바인 전체 영혼을 대상으로 짧게는 10초에서 길게는 3시간까지 설교하고 제자훈련하고 있음을 깨달았다. 그것도 일대일로 말이다. 이것이 교회 개척 초기 주님이 내게 "사람을 모으지 말고 보내는 사람만 돌보고 나가서 마켓과 거리에서 전도하라!"고 말씀하신 이유였음을 알게 되었다.

이슬람 신자에게 노방전도

한번은 마켓 주차장에서 전도하고 있는데, 어느 중동계로 보이는 남성이 멀리 떨어진 곳에서 나를 물끄러미 쳐다보고 있었다. 그렇게 며칠 동안 같은 시간에 나를 쳐다보던 남성은 드디어 내게 다가와 말을 걸었다.

　"당신은 뭘 전하고 있나요? 기독교인인가요?"

　"네. 나는 예수님의 구원 복음을 전하는 사람입니다!"

　그러자 그는 정말 놀라운 말을 했다.

　"제게 그 예수님과 구원 복음에 대해 설명해 줄 수 있습니까?"

나는 너무나 반가워서 곧바로 가능하다고 이야기하고, 한 시간 가까이 예수님에 대해 전했다. 이야기를 나누던 중에 알게 된 사실은 놀라웠다. 그는 자신을 이란에서 이민 왔고 무슬림이라고 소개했다. 그에게는 아들이 있었는데, 그 아들이 미군에 입대했다가 그곳에서 복음을 듣고 기독교로 개종했다는 것이다. 그는 아들과 극심한 충돌과 갈등을 겪었다. 그러던 중에 마켓에 왔다가 예수를 전하는 나를 보게 되었고, 아들이 믿게 된 예수에 대해 알고 싶어졌다고 했다. 나라면 자신에게 예수가 누구인지, 아들이 믿게 된 복음이 무엇인지 설명해 줄 수 있을 것 같다는 생각이 들어 찾아왔다고 말이다.

그와는 다시 한번 만날 기회를 만들었다. 두 번째 만날 때는 이란어로 된 쪽 복음서도 가지고 갔다. 그리고 다시 한번 구원 복음을 이야기해 주었다. 그 후로 다시 그를 만나지는 못했다. 그러나 아들과 함께 예수님을 믿고 교회에 나가 예배드리길 기도하고 있다.

얼바인에서 지내다 보면 무슬림들을 어렵지 않게 만나곤 한다. 무슬림들은 십자군 전쟁과 같은 역사적 상처로 타종교인보다 기독교에 대한 적대감이 더 크고 완강히 배척하려는 이미지가 있다. 그래서 거리에서 복음을 전하기가 어렵고, 자칫 종교 논쟁으로 이어질 가능성도 크다. 나는 중동과 터키 지역에 단기선교도 여러 번 다녀온 경험이 있고 관련 지식도 있었지만, 여전히 거리에서 무슬림에게 전도하는 것은 부담스러웠다.

그런데 마켓이나 거리에서 전도하며 막상 무슬림들을 직접 만나 인사하고 대화를 나누어 보니 그때마다 성령님이 어떻게 예수님의 복음을 전하면 좋은지 지혜를 주셨다. 무슬림들과 대화를 나눌 때 처음부터 예수님을 믿으라고 하면 순간 방어적인 자세를 취하면서 종교 대립으로 가기 쉽다. 그들과는 왜 예수님이 구원자가 되시는지에 대한 메시지를 먼저 주어야 한다.

어느 날 아침, 아이들을 등교시키고 주유소에 들렀다. 주유기 앞에 정차하고 주유를 시작하려고 하는데, 뒤쪽에 고급 세단이 다가와 섰다. 그때 갑자기 성령님이 저 차에 탄 사람에게 복음을 전하라는 마음을 주셨다. 너무나 갑작스러운 일이었다. 그동안 전도는 거리나 마켓에서만 했지 주유소는 처음이었던 데다가, 창문 너머로 보이는 남자는 중동계 부자로 보였기 때문에 더 부담스러웠다. 분명 그에게 전도해 봤자 거절할 것이 당연했다.

그런데도 성령님은 너무나 강하게 다가가 대화를 나누라는 부담을 주셨다. 이번에도 나는 순종하는 마음으로 남자에게 다가갔다.

"안녕하세요. 예수님 믿으십니까?"

그는 나를 흘끔 보더니 자신은 무슬림이라고 말했다. 나는 무슬림을 만나면 늘 하던 질문을 던졌다.

"만약 오늘 하나님이 당신을 부르신다면 천국에 갈 수 있습니까?"

이슬람교는 흔히 율법주의(legalism)이기에 선행을 해야 천국에 갈 수 있다고 말한다. 그런데 사실 사람은 죄인이 아닌가. 양심적으로 자신의 구원을 확신하는 것은 쉽지 않으니 끝없는 선행의 노력이라는 함정에 빠지기 쉽다. 그걸 알았기 때문에 나는 무슬림을 만나면 이렇게 질문했던 것이다. 그는 내 질문에 진지하고 정직하게 대답했다.

"나는 가고 싶은데 잘 모르겠습니다. 확신이 없네요."

"네. 천국에는 죄 없는 사람만이 갈 수 있습니다! 하지만 세상에는 죄 없는 사람이 없지요. 우리의 선행으로 천국에 가는 것은 절대로 불가능합니다. 그래서 하나님의 아들인 예수님이 이 세상에 오신 거예요. 예수님이 우리 죄를 대신 지고 십자가에서 죽으셔서 그 죗값을 다 치러 주셨기에 누구든지 하나님 앞에서 회개하고 예수님을 믿으면 용서받고 천국에 갈 수 있습니다."

그는 깜짝 놀란 표정을 하며 내게 말했다.

"사실 나는 요즘 구원에 대해 깊이 고민하고 있었습니다. 정말 감사합니다!"

그의 이름은 마호메트였다. 처음 이미지와 다르게 그의 얼굴에는 기쁨이 가득 차 보였다. 나는 마호메트에게 전도지를 건네주며 말했다.

"예수님만이 우리의 구원자가 되실 수 있습니다. 어떤 종교를 믿는다고 구원받는 것이 아니고 나의 죄를 위해 십자가에서 죽으시고 부활하신 예수님을 믿어야 구원받고 천국에 갈 수 있습니다! 예수님만이 우리의 구원자이신 이유가 이것입니다!"

그날 우리는 서로를 축복하며 헤어졌다. 마호메트가 좋은 동역자를 만나 하나님 말씀을 배우고 예수님의 증인으로 세워지길 기도

한다. 천국에서 반갑게 만날 날을 기대한다.

나의 편견을 깨시는 하나님

주님은 마켓과 거리에 나가 영혼들을 만나고 복음을 전하게 하시면서 나의 편견과 허상을 깨뜨리셨다. 알게 모르게 내게 '전도가 안 되는 시대와 문화 가운데 저들에게 복음이 답이 되어 줄 수 있을까?'라는 편견과 영혼들에 대한 몰이해가 있었던 것이다. 그런데 마켓과 거리에서 전도하면서 한 영혼 한 영혼의 아픔과 고통을 가까이서 목격하고 공감하며 복음의 필요를 더 가까이 느낄 수 있었다.

오후에 마켓 주차장에서 있었던 일이다. 스티브 잡스를 닮은 근사한 미국 남자가 고급 스포츠카에서 내리고 있었다. 첫인상에서 뿜어져 나오는 분위기가 마치 아이비리그 출신 CEO처럼 보였다. 그날따라 청바지에 허름한 티셔츠 차림이었던 나는 어딘지 대비되는 느낌에 주눅이 들었다. 거기다 어눌한 영어로 예수님을 전했다가는 단번에 거절당할 것만 같아 말을 걸기가 껄끄러웠다. 그런데 성령님이 가서 대화를 시작하라고 말씀하셨다. 순종하는 마음으로 다가가 그 남자에게 인사를 건넸다.

"무슨 일이시죠?"

"아, 네…. 혹시 예수님 믿으십니까?"

그는 나를 보면서 묘한 미소를 지으며 말했다.

"이것 보세요! 이 마켓 주차장에서 당신이 몇 마디 말로 50년 가까이 살아온 내 생각을 바꿀 수 있다고 생각하는 거예요?"

"아, 저도 그렇게 생각하지 않습니다. 저는 그럴 수 없습니다. 그러나 세상을 창조하시고 당신에게 생명을 주신 하나님은 단 한마디로 당신의 인생을 변화시킬 수 있다고 확신합니다!"

그때 내 말을 듣던 그의 눈이 커지면서 얼굴 전체에서 당황한 기색이 역력했다. 아마도 자기가 생각했던 것과 다르게 내 말 몇 마디가 마음을 건드린 것 같았다. 그는 전도지를 받고는 황급히 자리를 떠났다. 나는 지금도 그를 기억하고 있으며, 천국에서 만나게 되기를 기도하고 있다.

하루는 저녁 시간에 마켓에서 미쉘이라는 한인 2세 자매를 만났다. 내가 강한 코리안 악센트의 영어로 "예수님 믿습니까?" 하고 물으니 그녀는 미간을 찌푸렸다. 그리고 더는 얘기하고 싶지 않다는 분위기를 물씬 풍겼다.

그런데 성령님은 끊어질 듯한 대화가 계속해서 이어지게 하셨다. 미쉘은 한인 2세였지만 한국말을 전혀 하지 못했다. 미국에서 나고 자랐기에 문화권도 나와는 전혀 달랐다. 언어도, 문화권도 다른 두 사람이 대화를 나누는 것 자체가 무리한 상황이었다. 그런데 우리의 대화는 2시간 넘게 이어졌다. 대화 가운데 나는 성령님이 미쉘의 마음을 터치하시고 계심을 느꼈다. 마침내 미쉘은 삶의 깊은 고통과 아픔을 나누어 주었다.

미쉘은 병원에서 일하고 있었고, 신혼 생활 중이었다. 허리 통증이 너무 심해서 일반적인 생활도 하기 어렵고 임신도 어려운 상황이었다. 어릴 때부터 다닌 교회에서 배운 대로 기도도 했지만 상태는 호전되지 않았다. 낙심과 절망 속에서 죽음까지 생각할 정도였는데, 마켓에서 우연히 나와 만나게 된 것이다.

미쉘의 이야기를 들으며 성령님이 주시는 위로와 격려의 말씀을 나누었다. 그러던 중에 성령님이 미쉘의 상처받은 마음을 치유하시고 믿음을 회복시켜 주셨다. 헤어지기 전에 마켓 주차장에 서서 미쉘에게 안수하며 기도해 주었다. 미쉘은 뜨거운 눈물을 흘렸다. 나역시 삶의 고통 속에서 예수님의 이름을 부르며 몸부림치는 미쉘이 안타까워 통곡이 나왔다. 그렇지만 기도를 마치자 미쉘은 기쁨으로 변화되어 있었다. 우리는 웃으며 헤어질 수 있었다.

집으로 돌아오면서 언어도 문화권도 다른 나를 통해 역사하신 하나님께 너무나 감사했다. 무조건 안 된다고, 불가능하다고, 무모하다고 그냥 주저앉으려 했던 지난 시간을 회개했다. 비록 나는 온갖 편견에 휩싸여 있었지만, 하나님은 놀랍게 일하셨다.

6개월 정도가 지난 어느 날, 그날도 어김없이 마켓에서 전도하고 있는데 누군가 한국말로 "목사님!" 하고 불렀다. 미쉘이었다. 미쉘은 한국말은 전혀 할 줄 몰랐지만, 나를 부를 때만큼은 어눌하게나마 '목사님'이라고 불러 주었다.

나는 미쉘을 보고 너무나 놀랐다. 지난 번 만남과는 전혀 다르게 밝게 웃는 모습이 평안해 보였기 때문이다. 그리고 뒤이어 해준 그녀의 간증은 내 마음을 더욱 따뜻하게 해주었다.

"목사님, 저 얼마 전에 성령님의 임재를 강하게 체험했어요. 그리고 주님이 제 허리를 아프게 하신 이유를 알았어요. 주님은 제가 세상을 사랑하는 자가 아니라 주님을 사랑하는 주님의 딸이 되기를 원하셨어요. 영원한 생명을 소유한 하나님 나라의 자녀로 변화시켜 주시려고 이 모든 일을 허락하신 거였어요. 이제 모든 것이 원망과 불평이 아니라 감사와 기쁨으로 변화되었어요. 허리도 많이 좋아졌어요."

확신에 찬 모습으로 주님 안에서 기뻐하는 미쉘을 보면서 나도 함께 뛰며 기뻐했다.

그리고 다시 6개월이 지났다. 나는 마켓에서 또 미쉘의 목소리를 들었다.

"목사님! 저 임신했어요!"

그리고 1년 뒤, 미쉘은 어린아이를 품에 안고 있었다. 지금 미쉘은 두 아이의 엄마가 되었다. 얼마 후면 아이들이 초등학교에 입학한다.

주님은 언제나 나의 편견을 깨트리신다. 마켓과 거리에서 복음을 전하게 하신 주님은 영혼을 향한 내 근거 없는 편견을 깨뜨리시고 한 영혼을 향한 주님의 마음, 주님이 천하보다 더 귀하게 여기시는 한 영혼의 고통과 아픔 그리고 필요를 보게 하셨다.

그리고 주님은 나의 허상을 깨뜨리신다. 입으로는 사랑을 말하지만 실상은 주님의 마음으로 영혼들을 바라보지 못했다. 아무도 인정하지 않고 아무도 알아주지 않아도 오직 주님으로 인해 기뻐하고 감사하고 기도하며 한 영혼을 향해 헌신하도록 나의 모든 허상이 마켓과 거리에서 깨어져 나갔다.

예수님도 종교는 싫어해요

제프라는 중학생을 버거 가게 앞에서 만났다. 나는 제프에게 예수님을 믿느냐고 물었다. 제프의 대답이 흥미로웠다.

"엄마 때문에 매주일예배에 참석하고 있어요. 하지만 대학 가면 전 교회를 떠날 거예요."

나는 이유를 물었다. 그러자 제프는 이렇게 답했다.

"어릴 때부터 늘 기도했는데 한 번도 응답받은 적이 없어요. 전 하나님이 없다고 결론 내렸어요."

순간 나는 하나님께 지혜를 구하며 제프에게 질문했다.

"제프, 지금 만약 네가 백악관에 전화하면 대통령이 그 전화를 받을까?"

"아니요! 말도 안 되지요!"

"그래 맞아. 하나님은 미국 대통령보다 비교 못할 정도로 높고 크신 분인데, 왜 너의 기도에 하나하나 응답하셔야 하지?"

제프의 표정을 보니 뭔가 흥미로운 이야기를 들은 것처럼 눈이 크게 떠졌다.

"그러네요."

"하지만, 하나님은 너를 사랑하시기 때문에 너에게 꼭 응답하길 원하셔. 그런데 먼저 한 가지 조건이 있어!"

"뭔데요?"

"제프가 정말 하나님을 하나님으로 인정하고 있는가를 점검해 봐! 정말 제프는 하나님을 미국 대통령보다 높고 크신 분이라고 인정하고 믿고 있니? 만약 제프가 세상을 시작하시고 악을 심판하시고 십자가의 사랑으로 용서하시고 구원하시는 하나님을 하나님으로 인정하고 믿고 기도한다면 반드시 응답받을 수 있어!"

제프는 그렇게 해보겠다고 약속하고 나와 헤어졌다.

마켓과 거리에서 전도하다 보면 미국의 젊은 세대들을 많이 만난다. 그들에게 예수님을 믿느냐고 물어보면 대부분 "난 종교에 관심 없어요!"라고 대답한다. 말 그대로 종교에 관심이 없다는 의미기도 하고, 하나님과 자신은 관계가 없다는 의미이기도 하다. 이 대답을 들을 때마다, 나는 이렇게 이야기한다.

"네, 예수님도 종교를 싫어해요! 왜냐하면 종교는 사람이 자신들을 위해 만든 것이니까요!"

정말 그렇다. 예수님은 사람이 만든 종교라는 틀에 갇혀 계신 분이 아니다. 사람이 만들고 규정하는 틀 속에 존재하시는 분이 아니다. 그분은 세상을 처음으로 디자인하신 분이고, 우리와 대화하고 우리 인생을 치유하고 회복하고 영원히 우리와 함께 교제하며 살기를 원하시는 분이다. 내가 그들에게 이렇게 말하며 예수님을 소개하면 젊은 세대 중 적지 않은 영혼이 관심을 보이고 전도지를 받아 간다.

젊은 세대뿐 아니라 어르신들도 적지 않게 만나는데, 그럴 때 내 마음은 더 조급해진다. 어르신들을 마켓에서 만나면서 주님이 주시고 느끼고 깨닫게 하신 마음이 있다. 그것은 황혼의 시간을 보내는 영혼을 끝까지 포기하지 않으시고 그들을 위해 십자가에 죽으신 예수님의 안타까운 마음과 간절한 바람이다. 오늘이 저 어르신에게 복음을 전하는 마지막 만남일 수 있다는 마음과 깨달음은 나를 더 간절하게, 더 진지하게 만든다. 그래서 어르신들 영혼의 귀한 가치를 생각하며 만난다.

마켓 전도 중에 한인 할아버지를 만났다.

"안녕하세요, 할아버지! 예수님 믿으세요?"

"응! 나 이 동네에서 제일 큰 교회 다녀!"

"할렐루야! 축복합니다! 주님이 언제 부르셔도 천국 갈 준비 확실하게 하신 것 맞으시죠?"

"응? 우리 목사님이 나 구원받았다고 하던데? 올해 내 나이가 80이야! 뭐 그리 복잡하게 믿어야 해?"

"네, 할아버지. 천국 갈 날이 가까울수록 확실하게 점검하고 준비하셔야죠!"

"그래? 어떻게 해야 하는데?"

"내 죄를 대신해서 십자가에 죽으신 예수님께 회개하고 예수님을 나의 주인으로 믿고 말씀대로 순종하셔야 합니다!"

"그래! 오케이!"

전도를 하는 동기가 무엇이냐에 따라 영혼을 만나고 바라보는 태도와 관점에 차이가 난다. 영혼을 구원하기 원하시는 주님의 마음과 뜻을 향한 순종이 전도에 대한 분명한 동기가 될 때, 영혼의 외적인 조건을 계산하고 차별하지 않고 주님의 영혼을 향한 가치와 관점으로 다가가고 전하고 섬길 수 있다.

나이 어린 세대가 예수님 안에서 거듭나면 향후 다음 세대의 소망과 비전이 있는 것은 사실이다. 그런데 예수님 모르는 어르신들을 끝까지 포기하지 않으시는 주님의 마음과 뜻도 우리는 놓치거나 무시하면 안 된다.

한번은 어르신을 만나 예수님을 전하는데, 그분이 내 팔을 붙잡고 애원하듯 말했다.

"내가 젊었을 때 교회도 다닌 적이 있는데, 사실 모든 게 우습게 여겨져서 결국 교회를 나가지 않은 지 오래되었어. 하나님을 다시 찾고 싶은데 쉽지 않아. 나 어떻게 하면 되지? 기도하기도 어렵고 기도도 잘 안돼."

그 상황에서 성령님이 분명하게 주신 마음이 있다.

"너는 정말 네 모든 것을 걸고 나를 택할 마음이 있느냐?"

그래서 어르신에게 이렇게 말했다.

"어르신이 주님께 마음을 돌이키기로 결단하시면 은혜를 주실 것입니다! 결코 불가능하지 않습니다. 나는 불가능하지만, 주님께 불가능은 없으십니다. 어르신, 만약 누군가 어르신의 재산과 이 차를 빼앗으려 한다면 어떻게 하실 건가요? 그냥 힘이 없으니 내주실 건가요?"

"아니지! 우리 집에 총이 있으니 총을 들고라도 지켜야지!"

"네 맞습니다, 어르신. 어떻게 해서든 주님께 돌이켜 회개하고 그 은혜 안에 거하셔야 합니다. 주님 나라에 들어가서서 영원히 안식하는 구원의 은혜야말로 가장 귀하고 소중한 어르신의 보물입니

다! 전심으로 돌이켜 주님의 이름과 얼굴을 구하시면 반드시 주님
은 어르신의 손을 잡아 주실 것입니다!"

어르신은 내 팔을 놓고 고맙다고 인사하며 돌아갔다.

어느 사탄주의자와의 만남

한번은 해가 지고 땅거미가 내려앉던 마켓 주차장에서 머리부터 팔
과 다리까지 온몸이 문신으로 가득한 한 남자 청년을 만났다. 귀에
큰 귀걸이도 하고 현란한 해골 목걸이와 팔찌를 한 범상치 않은 청
년이었다. 다가가 말을 걸기도 머뭇거리게 되는 외모였다. 그러나
성령님은 분명하게 "가서 대화를 나누라"는 마음을 주셔서 밝게 인
사를 건네며 그에게 다가갔다.

청년은 날카로운 눈빛으로 나를 경계하며 바라보았다. 나는 예
수님을 믿느냐고 물어보았다. 청년은 자신은 사탄주의자라고 대답
했다. 미국에는 공식적으로 사탄을 숭배하는 교회가 존재한다. 미
군에서도 공식적인 종교로 인정하고 있어서 군종장교가 종교 서비
스를 요구할 때 제공할 정도로 많은 사람이 사탄 교회와 연관되어
있다. 그래서 거리와 마켓에서 전도하다 보면 적지 않은 수의 사탄
교 신자들을 만나게 된다.

나는 그에게 내 이야기를 나누었다. 고등학교 때 방황하고 자살
을 시도하다가 예수님을 만나 거듭나고 변화를 받았던 간증과 함께
십자가에서 우리의 모든 죄를 대신해서 죽으신 예수님 이야기를 나
누었다. 청년은 의외로 내 이야기를 귀 기울여 들어 주었다. 처음에

날카롭고 경직되어 있던 표정도 점차 풀리기 시작했다. 나는 참 빛이요 생명의 근원이시고 사랑과 진리 되시는 예수님을 의지하라고 전하며 축복해 주었다. 청년은 자기에게 얘기해 주어서 고맙다며 전도지를 받아 갔다.

사탄교 신자들을 만나 복음을 전하면 어떤 사람은 강하게 거절하기도 하지만, 막상 다가가 마음을 열고 대화하기 시작하면 그들 또한 주님이 예비하신 영혼들이라는 사실을 깨닫는다. 지금도 그날 만난 청년이 복음을 듣고 밝게 웃던 모습이 선명하게 떠오른다. 이미 십자가에서 사탄의 머리를 깨뜨리신 십자가 보혈의 능력과 예수님의 이름의 권세로 그 청년의 삶에 해방과 회복의 은혜가 임하여 천국에서 다시 만나기를 간절히 기도드린다.

어찌 그들만 죄인이라 하겠는가

10년 전 풀러신학교에 선교학 박사 수업이 있어서 패서디나에 방문했다. 평소에 주차하는 주차장에 자리가 없어서 한참을 돌다가 수업장소와 거리가 있는 곳에 주차를 하고 걸어가고 있었다. 그런데 건널목에서 한 남자 청년을 만났다. 성령님이 강하게 "저 청년에게 달려가서 대화를 나누라"는 마음을 주셨다. 그래서 순종하여 길을 건너려던 청년을 향해 달려가서 인사를 나누고 대화를 시작했다.

나는 그 청년에게 예수님을 믿느냐고 물었다. 청년은 갑자기 얼굴이 분노로 일그러지면서 자신은 동성애자라고 말했다. 자신은 죄인이고 예수님과 상관없는 자라고 언성을 높였다. 나는 청년에게 나도 죄인이라고 말했다. 그리고 세상 모든 사람은 다 예수님의 십자가 은혜가 필요한 죄인이라고 말했다.

청년은 머뭇거리더니 자신이 경험한 삶의 이야기를 어렵게 꺼냈다. 부모님과 가족이 천주교 신자였는데, 자기가 동성연애자라는 사실이 알려지면서 천주교회에서 파문당하고 쫓겨나게 되었다고 했다. 그러면서 자기는 버림받은 사람이라고, 예수님과 상관없는 사람이라고 말했다. 나는 그에게 이렇게 말해 주었다.

"예수님은 의인을 위해서가 아니라 죄인을 위해서 이 땅에 오셨습니다. 예수님은 죄인인 우리의 죗값을 대신 치르시기 위해서 오신 분입니다. 그러니 청년은 예수님과 상관없는 사람이 아니에요."

그런데도 청년은 계속해서 고개를 저으며 아니라고, 자신은 버림받고 예수님과 상관없는 사람이라고 말했다. 나는 오늘 우리가 이렇게 만난 것은 우연이 아니고 예수님이 청년을 아시고 부르시는 것이라고 말해 주었다. 청년은 말없이 전도지를 받아 길을 건너갔다. 나는 이 청년을 기억하며 기도한다. 결국 그가 예수님을 만나서 예수님이 사랑한 제자 요한처럼 주님의 따뜻한 사랑의 품에 안길 그날을 기대하며 기도드리고 있다.

고통 가운데 있는 사람들과의 만남

32 저물어 해 질 때에 모든 병자와 귀신 들린 자를 예수께 데려오니 **33** 온 동네가 그 문 앞에 모였더라 **34** 예수께서 각종 병이 든 많은 사람을 고치

시며 많은 귀신을 내쫓으시되 귀신이 자기를 알므로 그 말하는 것을 허락하지 아니하시니라 35 새벽 아직도 밝기 전에 예수께서 일어나 나가 한적한 곳으로 가사 거기서 기도하시더니 **막 1:32-35**

마가는 마가복음 1장에서 예수님 사역 전체를 스케치한다. 예수님은 십자가 구원 사역을 위해 이 땅에 오셨다. 그때 예수님은 가서 머무시는 곳마다 병자와 귀신들린 사람들을 불러 모으신다. 한마디로 고통받는 영혼들을 부르신 것이다. 거리와 마켓에서 예수님을 전하면서 만난 많은 사람이 육체와 정신적 고통으로 힘들어하고 있었다.

고등학생 때, 우연히 〈주간 조선〉이라는 잡지에 실린 하용조 목사님에 대한 특별 인터뷰를 읽은 적이 있다. 돌이켜보면 하용조 목사님이 누구인지, 온누리교회가 어디에 있는지도 모르던 시절에 우연히 접한 인터뷰 기사 내용이었다. 지금까지 내게 선명하게 남는 인터뷰 대목이 있다. 기자가 "목사님은 어떻게 사람들에게서 악한 영을 쫓아내고 병을 고치는 영적인 사역을 하시게 되었습니까?" 하고 물었다. 하용조 목사님이 대답하셨다.

"연예인들 전도를 하며 그 영혼들을 돌보면서 우연히 그들 안에 눌려 있던 문제들을 마주했습니다. 그뿐 아니라 그 문제들이 나오는 영적인 현상들을 경험했습니다. 많은 분이 육신의 질병 가운데 고통을 당하고 계셔서 그들의 영혼을 돌보다 보니 이런 영적인 사역을 하게 되었습니다."

사도행전에도 보면, 주님의 부르심을 따라 성령님의 인도하심으로 각 나라와 족속에게 나아간 사도들의 사역 내용 중에는 육체적, 정신적 고통을 당하는 영혼들의 치유와 회복을 위한 사역이 항상 등장하는 것을 알 수 있다. 나도 거리와 마켓에서 전도할 때 많은 영혼이 고통 가운데 신음하고 있음을 접하게 되었다. 소위 말하는 '영적 사역'의 동기와 목적이 무엇인지 복음서와 사도행전 말씀을 통해 주님은 우리에게 명확하게 말씀하고 계신 것이다.

모든 영적 사역의 동기는 영혼을 향한 주님의 사랑이며, 목적과 결론은 영혼 구원이다. 성경은 모든 사람은 죄인이라고 말한다. 사람은 누구나 죄로 인한 저주와 고통 가운데 신음하고 있다는 의미이다. 예수님은 십자가 구원을 통해 이 죄와 고통에서 영혼들을 구원하고 해방시키기 위해서 이 땅에 오셨다. 또한 예수님은 그들을 죄와 고통에서 구원하고 해방하시기 위해 모든 믿는 자들을 부르고 세우고 보내신다. 그래서 나는 이것이 '특별한' 사람들만의 전유물이 아니라, 모든 구원받은 믿는 자녀와 제자들을 통해서 성령님이 역사하시는 일임을 깨닫게 되었다.

나는 복음을 전하면서 아픈 분들을 만나면 그 자리에서 기도해 드려도 되냐고 물어보고 원하는 분들에게 바로 기도해 드렸다. 영혼들을 향한 주님의 안타깝고 긍휼히 여기시는 그 마음을 느끼며 그들을 위해 기도할 때마다 주님은 고린도후서 4장 7절 말씀을 생각나게 하셨다.

우리가 이 보배를 질그릇에 가졌으니 이는 심히 큰 능력은 하나님께 있

고 우리에게 있지 아니함을 알게 하려 함이라

나는 믿음으로 이 말씀을 붙들고 그들을 위해 기도했다.

휠체어를 타고 사지가 다 뒤틀어진 마이라를 처음 만난 것은 팬데믹이 절정에 달했던 시기에 거리에서였다. 숨도 제대로 쉬기 힘들어하는 마이라의 모습을 보며, 눈물이 쏟아져 나왔다. 마이라의 어머니는 18살까지 너무나 예쁘고 정상 생활을 하던 꿈 많은 소녀였던 마이라가 한 달 전부터 갑자기 목에 통증을 느끼며 사지가 뒤틀리기 시작했다며 흐느끼셨다. 병원에서도 원인을 찾지 못했다고 했다. 마이라는 고통 속에서 잠도 제대로 못 자고 있었다.

함께 전도를 나갔던 미주장로회신학대학교 논문지도 교수 정용암 목사(테메큘라렌초한인교회 담임목사), 목수이며 은혜한인교회를 섬기는 한희성 목사와 함께 마이라를 위해 안수하며 간절히 기도드렸다. 나는 마이라의 귀에 대고 말해 주었다.

"마이라, 예수님이 너와 함께하신다. 예수님의 십자가 보혈로 너는 회복될 거야. 두려워 마라."

마이라에게 이 말을 해주는데 목이 메었다. 시선도 맞출 수 없던 마이라는 고통 속에 신음하며 우리와 헤어졌다. 그 후 나는 SNS에 기도제목을 올려서 여러 동역자와 함께 마이라를 위해 계속 중보기도를 드렸다.

한 달 뒤에 같은 자리에서 마이라를 다시 만났다. 아직 휠체어를 타고 있었지만, 많이 회복된 모습이었다. 멀리서부터 나를 알아

본 마이라는 나를 반겨 주었고 환하게 웃음을 보여 주었다. 숨 쉬는 것조차 고통스러워하던 마이라가 회복된 것을 보고 너무나 기뻤다. 감사의 찬양을 주님께 올리고 다시 마이라를 안고 기도드렸다. 나는 계속해서 마이라를 위해 기도하고 있다. 꿈 많던 이쁜 소녀인 마이라가 온전히 회복되어 다시 걷기도 하고 뛰기도 하기를!

거리와 마켓에서 암에 걸려 두려움과 절망 가운데 있는 사람들, 갑작스런 질병과 사고로 자녀를 잃은 사람들, 공황장애와 우울증으로 고통하며 죽음을 생각하는 많은 사람을 만났다. 그들을 위해 거리와 마켓 주차장에서 눈물을 흘리며 간절히 기도를 드렸다. 그리고 믿음의 주요 온전케 하시는 예수님을 바라보며 인생의 방향을 돌이켜 하나님께 나아가라고 위로했다.

고통 가운데 있는 사람들을 보면서 깨닫는 것이 있다. 정말 간절하게 기도하면 복음서에서처럼, 사도행전에서처럼 동일한 성령님의 역사하심이 반드시 나타난다는 것이다. 영혼이 치유되고 회복되며 구원받는 역사를 수시로 경험했다. 나는 성경에서 우리에게 주신 말씀을 믿는다. 영혼을 사랑하시는 주님, 우리가 구원받기를 간절히 원하시는 주님이 영혼들의 고통을 돌아보사 치유하시고 자유케 하시고 온전히 회복케 하시고 구원하실 것을 믿는다. 그래서 지금도 거리와 마켓에 나간다. 다양한 나라와 사회 속에서 전도하러 나갈 때마다 만나게 되는 육체적, 정신적 고통 가운데 있는 영혼들을 위해 확신을 갖고 기도하며 복음을 전하고 있다.

SNS에 올려라

성령님의 인도하심을 따라 전도 사역을 하는 가운데, 페이스북 (Facebook)과 카카오톡 메신저에 사역 내용을 게시하라는 감동을 주셨다. 사실 마음이 불편했다. 왜냐하면 내가 생각하기에 겸손히 예수님만 전하면 됐지, 무엇 하러 사람들에게 알려야 하나 싶었다. 마치 광고하고 자랑하는 듯한 느낌이 들었다. 그런데 성령님은 이 부분에 대해 두 가지를 짚어 주셨다.

첫째, 전도 사역은 기도 지원이 절실히 필요하다.

4 내 말과 내 전도함이 설득력 있는 지혜의 말로 하지 아니하고 다만 성령의 나타나심과 능력으로 하여 5 너희 믿음이 사람의 지혜에 있지 아니하고 다만 하나님의 능력에 있게 하려 하였노라 **고전 2:4-5**

전도는 사람의 지혜와 권하는 말이 아니라 성령님의 나타나심과 능력으로 수행하는 것이다. 따라서 기도 지원이 절실하다. 성령님은 SNS에 전도 사역에 대해 나누는 것은 광고나 자랑이 아니라 겸손히 기도 요청을 하는 일이라는 사실을 깨닫게 하셨다. 또한 이러한 활동이 믿는 우리가 겸손히 연합하고 동역하는 일임을 알게 하셨다.

둘째, 성령님은 SNS 나눔을 통해서 여러 사람에게 위로와 도전을 주기 원하신다.

> 그들이 이 말을 듣고 잠잠하여 하나님께 영광을 돌려 이르되 그러면 하나님께서 이방인에게도 생명 얻는 회개를 주셨도다 하니라 행 11:18

베드로는 당시에 금기시되던 이방인 전도와 선교에 대해 성령님이 인도하고 역사하신 일들을 예루살렘교회에 보고하고 나누었다. 그때 성도들은 이에 대해 잠잠히 듣고 깊이 생각하고 하나님께 영광을 돌렸다. 그리고 하나님의 새로운 역사와 선교 전략을 깨닫고 도전받았다. 이처럼 성령님은 믿음의 형제자매들과 기도로 함께 동역하고, 또 그들에게 위로와 도전을 주시기 위해서 SNS에 전도 사역에 대해 나누라고 말씀하셨다. 나는 이 모든 말씀에 순종했다. 전도 사역 전에 SNS에 기도를 부탁했고, 사역 후에는 거리에서 만난 사람들과 사연들을 기록하고 나누었다.

그동안 나는 SNS를 활발하게 사용하지 않다가 이 일을 계기로 SNS를 적극적으로 사용했다. 반응은 놀라웠다. 인터넷상에서 활발

한 소통이 일어나기 시작했다. 많은 형제자매가 믿음으로 반응해 기도로 동참해 주었다. 그들은 주님의 역사하심을 보고 들으며 위로와 격려를 받았다. 자신도 주님을 더 사랑하고 전도와 선교에 더욱 헌신하겠다는 댓글을 남기기도 했다. 물론 일부 사람들은 사역을 자랑하고 홍보하는 목적이 무엇이냐 따지는 사람도 있었다. 그러나 대부분이 위로와 도전을 받았다고 감사를 표하며 기도의 동역자가 되겠다고 나서 주었다. 생각지도 못한 가운데 성령님이 전도 사역을 확장하시기 시작한 것이다.

어느 날 한국에서 모르는 번호로 전화 한 통이 걸려 왔다. 대학부 반주자로 섬기던 H 자매의 남편인 J 형제였다. J 형제는 SNS 전도 나눔을 전해 듣고 감동을 받아서 연락했다며 나의 노방전도 이야기를 영상으로 제작하고 싶다고 했다. 나는 기도해 보고 결정하겠다고 말했지만, 마음속으로는 내키지 않아서 정중히 거절하려고 했다. 그런데 이번에도 기도 중에 성령님이 분명하게 말씀하셨다.

"이 영상은 너에 대한 자랑이 아니다. 내가 이 영상을 사용할 것이다. 나는 이 영상을 통해 누군가를 위로하고, 또 누군가에게 도전을 주고 기도로 동역하게 할 것이다!"

나는 순종하기로 결정하고 J 형제에게 전화를 걸어 영상을 제작하겠다고 했다.

한국 순회 사역 중에 방송국 편집 일을 하는 K 형제와 함께 만나서 영상 작업을 시작했다. 불광역 근처 거리와 시장에서 노방전도를 했고 두 형제는 그 모습을 촬영했다. 몇 달 후 영상을 유튜브에 게시했는데, 예상치 못하게 폭발적인 반응이 나왔다. 10만 명이 넘는 조회수를 기록한 것이다. 무엇보다 내가 놀란 것은 정말 많은 사람이 위로를 받았다는 댓글을 달아 준 것이다. 전도를 향한 부정적인 시각과 분위기에 갇히고 눌려서 전도하는 영성 자체가 실종된 현실에 대해 막막하고 답답해하던 많은 분이 이 동영상이 자신들에게 위로와 소망이 되었다고 말했다.

또 하나 흥미로운 반응은 '목사가 전도하는 것'에 큰 위로를 얻었다는 댓글들이었다. 왜 목사가 전도하는 것이 그들에게 위로였을까? 아마도 이 시대 성도들은 목사가 더욱더 예수님의 복음과 하나님 나라에 온전히 헌신하는 모습을 보고 싶었던 것이 아니었을까? 사도행전에 보면 초대교회가 시작되며 처음으로 일곱 집사를 선출하는 이유를 사도들이 기도와 말씀에 전념하기 위함이라고 기록한다. 말씀에 집중한다는 말은 말씀을 연구하고 그 말씀을 증거하겠다는 의미이다. 말씀을 증거한다는 것은 교회 공동체 안에서 말씀을 가르치고 설교하는 것과 더불어, 교회 밖 잃어버린 영혼들에게 복음을 전하는 것이다. 초대교회 영적인 리더들은 다 전도하고 선교하는 이들이었다. 하용조 목사님은 대형 교회 목사님이셨지만, 언제나 영혼 구원에 집중하셨고, 실제로 개인 전도를 계속하셨다. 거기에 비하면 사실 난 아주 부끄러운 목사이다. '전도하는 목사'에 대한 동영상에 사람들이 위로를 얻었다는 댓글을 읽으며, 난 더욱더 무거운 마음으로 주님이 부르실 그날까지 복음과 하나님 나라를 위해 헌신하며 살아야겠다는 결단과 다짐을 하게 되었다.

이 영상에 대한 또 하나의 반응은 '도전을 받았다'는 것이었다. 전도 영상 촬영 중에 짐이 가득 실린 자전거를 끄는 아저씨를 만났다. 예수님 믿으시냐고 물어보니, 너무나 반가워하며 자기도 예수님을 믿는다고 했다. 그러면서 이렇게 말했다.

"목사님처럼 전도하는 사람 보니까 너무나 좋아요! 저도 30년 전에는 전도 참 열심히 했는데 지금은 못하고 있어요."

"꼭 다시 전도하세요! 주님이 보여 주고 만나게 하시는 한 영혼을 위해 기도하고 사랑으로 섬기는 데서부터 시작하세요. 전도는 나의 특별한 능력과 지식으로 하는 것이 아니에요. 예수님에 대한 믿음과 은혜의 경험을 전하고 나누시면 됩니다. 집사님 안에 예수님의 생명이 있고 성령님이 계십니다. 이걸로 충분합니다! 꼭 영혼 구원을 위해 다시 시작하세요!"

아저씨는 내 손을 꽉 잡으며 다시 시작하겠다고 말했다. 그리고 그 모습을 영상으로 본 많은 사람이 주님의 복음과 하나님 나라에 헌신하는 자리에서 멀어진 자신을 깨닫고 결단하는 기회가 되었다고 감사의 댓글을 남겨 주었다.

여전히 부담스러운 전도이지만

현대를 포스트모던 시대라고도 하고, 문화의 주관주의, 개인주의 그리고 절대 진리가 부정되는 다원주의가 주를 이루는 시대라고 한다. 그러다 보니 유일한 신이시고 구원이 되시는 예수님의 복음을 전하는 것에 대해 교회와 성도들이 위축되고 소극적인 태도와 자세에 갇히기 쉽다. 하지만 여전히 세상의 많은 영혼은 영적인 갈급과 고통 가운데 방황하고 있다.

2천 년 전, 신약 시대 때 크리스천들이 로마제국 안에서 예수님의 복음과 하나님 나라를 전하던 상황이 요즘 포스트모던 시대와 유사하다. 초대교회 당시에 로마제국은 절대 진리를 부정하는 다원주의 문화였고 다신문화와 토착적 이교 풍습이 사회와 문화를 지배하고 있었다. 그런 시대적 사회와 문화 속으로 주님의 부르심을 받아 파송된 성도와 교회는 강력한 충돌과 저항에도 불구하고 하나님 나라의 강력한 복음을 전했다.

그 시대의 사회와 문화 속에서 복음 전도자의 삶을 살았던 사도 바울은 두 가지 태도와 자세를 늘 견지하고 있었다. 복음에 대한 확신이 있는 태도와 복음을 전하는 자세이다.

> 내가 복음을 부끄러워하지 아니하노니 이 복음은 모든 믿는 자에게 구원을 주시는 하나님의 능력이 됨이라 먼저는 유대인에게요 그리고 헬라인에게로다 **롬 1:16**

첫째, 사도 바울의 태도는 복음에 대한 확신이다. 그는 예수님의 복음이 모든 믿는 자에게 구원을 주시는 하나님의 능력임을 확신했다. 전혀 다른 문화와 종교적 배경과 민족적 배경을 갖고 있는 유대인과 헬라인들에게 예수님의 복음은 동일하게 능력이 있다고 믿었다. 사도 바울의 이러한 확신과 믿음은 책상머리에서 나온 것도, 상상 속에서 나온 것도 아니었다. 사도 바울은 다메섹으로 가는 길에서 예수님을 만났다. 그 후에 거리와 마켓에 나가 사람들을 만나 복음을 전하면서 예수님의 복음에 대한 확신을 갖게 된 것이다.

다원주의와 다신교의 현실과 현장 속에서 예수님의 복음을 전하는 사도 바울은 갖가지 충돌과 반대와 어려움에 처했다. 그러나 결국 예수님의 복음이 전해질 때 영혼을 변화시키고 구원하시는 성령님의 역사를 경험했다. 인본주의적인 생각과 계산은 선교는 끝났다는 '선교 모라토리엄(Mission Moratorium)'을 확신하고 주장하지만, 예수님은 분명하게 선언하시고 우리에게 명령하셨다.

> 18 예수께서 나아와 말씀하여 이르시되 하늘과 땅의 모든 권세를 내게 주셨으니 19 그러므로 너희는 가서 모든 민족을 제자로 삼아 아버지와 아들과 성령의 이름으로 세례를 베풀고 20 내가 너희에게 분부한 모든 것을 가르쳐 지키게 하라 볼지어다 내가 세상 끝날까지 너희와 항상 함께 있으리라 하시니라 마 28:18-20

우리가 잘 아는 것처럼 예수님의 이 지상명령의 핵심 단어는 '제자 삼으라'는 것이다. 그 뜻을 이루시기 위해서 우리와 항상 함께하시고 우리를 이끄시겠다는 것이다. 언제까지인가? 세상 끝날까지이다. 예수님이 재림하시는 그날, 하나님 나라가 완성되는 그날까지이다.

사도 바울은 예수님의 복음에 대한 이 확신 있었기에, 어떤 좌절과 실패와 어려움과 한계 속에서도 주님이 부르시는 날까지 복음을 위해 살다갈 수 있었다. 내 힘과 지혜로 하지 않고 우리와 함께하시는 주님으로 말미암아, 우리 안에 오셔서 도우시고 인도하시고 역사하시는 보혜사 성령 하나님으로 말미암아 복음에 대한 확신을 가질 수 있었다.

나는 비록 영어도 부족하고 능력도 없지만, 그런 나를 거리와 마켓으로 부르신 성령님의 음성에 순종하며 나아갔을 때, 예수님의 복음에 대한 분명한 확신을 체험하고 경험할 수 있었다. 예수님의 복음은 영혼을 구원하시는 하나님의 능력이다.

내가 또 한 가지 늘 직면하고 느끼고 깨닫는 것이 있다. '복음 전도는 절대로 익숙해지지 않는다'는 것이다. 분명하게 성령님이 역사하여 인도하시고 영혼을 변화시키고 구원하신다는 확신이 있지만, 여전히 거리와 마켓에서 영혼들을 만나고 복음을 전하려고 하면 너무나 부담스럽고 망설이고 머뭇거리게 되기 때문이다. 내 시선이 나에게 고정되고 사람들과 환경에 머물면 갖가지 복잡한 불신의 생각이 나를 사로잡으며 뒤로 물러가 침륜에 빠지게 만든다. 그때마다 나는 모든 생각과 시선을 '영혼을 구원하는 하나님의 능력과 예수님의 복음'에 집중하고 나아간다. 그러면 기적처럼 필연적으로 갈급한 영혼들을 만난다. 하나님이 예정하고 선택하지 않으시면 일어날 수 없는, 영혼을 어루만지시는 성령님의 역사를 체험하게 된다.

> 내가 모든 사람에게서 자유로우나 스스로 모든 사람에게 종이 된 것은 더 많은 사람을 얻고자 함이라 **고전 9:19**

둘째, 사도 바울의 자세는 '스스로 모든 사람에게 종'이 되는 것이었다. 유대인에게는 유대인의 자세로, 헬라인에게는 헬라인의 자세로, 약한 자에게는 약한 자의 자세로 행했다. 그 이유는 더 많은 사람을 구원의 길로 이끌기 위함이었다. 이것은 사도 바울의 '전도 방법론'이 아니다. 이것은 철저하게 '예수님의 복음에 대한 확신'에 근거한 것이다.

우리는 흔히 확신이 있으면 오만하고 교만하게 자기 생각만을 주장하기 쉽다. 그러나 사도 바울의 복음에 대한 확신은 철저하게 하나님의 우리를 향하신 긍휼과 사랑, 은혜에 대한 확신이었다. 따라서 그는 예수님이 구원하기 원하시는 영혼과 구원이 필요한 영혼들을 먼저 찾아가서 엎드리고 섬기는 종의 자세를 취했다. 한 영혼을 향한 주님의 긍휼과 사랑의 마음을 자신의 자세로 취한 것이다.

거리와 마켓에서 사람들을 만나 대화하며 복음을 전하다 보면 여러 상황을 경험하곤 한다. 무시나 멸시를 당하는 것은 예사고, 욕을 먹고 침을 맞고 폭력적인 위협을 당하기도 한다. 그런 상황들 속에서 기분이 상하고 분노가 일어나는 때도 많았다. 그러나 그때마다 성령님은 복음을 전하는 내 중심의 동기와 자세를 적나라하게 드러내고 책망하셨다. 그리고 회개하게 하셨다. 사람들을 향해서 교만한 자세로 '너희는 회개하라'는 자세를 취하던 나 자신을 보았고, '왜 나의 이런 귀한 헌신을 무시하는가'라는 식의 원망과 불평하는 오만한 나를 발견하기도 했다.

거리와 마켓에서 복음을 전하는 시간이 내게는 너무나 유익한 영적 훈련의 때였다. 내 안에 깊이 뿌리 박힌 교만과 오만 그리고 악함과 죄성의 뿌리를 직면하고 가슴을 치며 회개하는 기회와 시간이 되었기 때문이다. 그리고 결국 성령님은 나의 어떠함이나 환경의 어떠함, 나아가 다른 사람의 어떠함도 넘어서서 '주님의 사랑과 은혜'만을 기뻐하고 기도하고 감사하도록 인도하셨다. 그래서 '전도가 안 되는 시대와 문화' 안에서 단순히 접근 방식과 방법의 변화를 꾀하는 것이 아니라, 사도 바울의 태도와 자세처럼 '예수님의 복음에 대한 확신'과 '하나님의 마음을 품고 종으로서 섬기는 자세'가 절실함을 깨닫게 되었다.

내 안에 이 확신이 있는지, 내 안에 이 마음이 있는지 날마다 돌아보면서 회개하여 돌이키며 믿음으로 순종할 때, 구원 생명의 역사와 하나님 나라의 영광이 멈추지 않고 우리 삶 속에서 계속해서 드러나리라 믿는다.

③
— chapter —
응급실 교회와 터미널 교회

무모한 도전 같지만

교회 개척을 시작할 때 주님은 두 가지를 말씀해 주셨다. 첫째는 응급실 교회의 역할을 감당하라는 것이었다. 사람을 모으려고 하지 말고 내가 보내는 힘든 사람들을 돌보고 다시 보내라고 말씀하셨다. 둘째는 우리도 부족하고 연약하지만 우리보다 더 부족하고 연약하며 도움이 필요한 영혼들을 돌보고 흘려보내는 터미널 교회의 역할을 감당하라는 것이었다.

그 방법으로 마켓과 거리에서 전도하라고 하셨고, 교회를 전하지 말고 예수님의 복음을 전하라고 하셨다. 또 만나게 하는 사람들을 위해 하나님의 말씀을 전하고 기도해 주라고 하셨다. 그 말씀에 순종하며 나는 매일 마켓과 거리로 나갔다. 그곳에서 성령님이 만나게 하시는 사람들을 만나 대화하고 예수님의 복음을 전하고 기도

드렸다. 또 노숙자들과 도움이 필요한 분들을 섬겨 왔다.

어떻게 내가 만나는 모든 사람의 아픔과 고통과 상황과 형편을 다 이해하고 공감하겠는가. 그럴 수 없다. 다만 누구든지 우리를 구원하고 용서하고 치유하고 회복하시기 위해 십자가에서 우리 대신 죽었다가 부활하신 예수님을 만나야 한다는 사실만은 안다. 그래서 그 시간, 그 자리에서 내가 만난 영혼을 향하신 하나님의 뜻을 생각하며 인사를 나누고 다가가 대화를 나누었다. 내 말의 논리와 지혜가 아니라 영혼을 향한 주님의 마음과 그 영혼의 귀한 가치를 생각하며 대화를 나누었다.

어떤 사람과는 그냥 인사만 하고 헤어지기도 하고, 어떤 사람과는 몇 시간씩 그 자리에 서서 대화를 나누고 예수님의 복음과 말씀에 대해 나누기도 한다. 배고파하고 목말라하는 사람에게는 먹고 마실 것을 나눈다. 그러다 보면 예수님을 구주로 영접하고 기도를 받는 사람도 있고, 전도지만 받아 가며 더 생각해 보겠다고 말하는 사람도 있다. 나는 매일 거리와 마켓과 공원에서 만났던 그 영혼들을 기억하며 축복하고 기도한다. 여전히 예수님의 복음은 영혼을 구원하는 하나님의 능력이 되며, 성령님은 믿는 우리를 통해 생명의 변화가 일어나도록 역사하고 계신다.

예배당이 된 마켓 주차장

얼바인은 부유한 동네이지만, 마켓에서 일하는 노동자들은 대부분 경제적으로 어려운 사람들이다. 나는 마켓에서 전도하면서 카트맨

(cart man), 식당에서 일하는 분들과 친해졌다. 나는 매일 마켓 주차장에 와서 사람들의 카트 반납을 도우며 전도했는데, 카트맨들이 그런 나를 유심히 관찰했던 모양이다. 하루는 어떤 사람이 전도하는 내게 화를 내고 돌아갔다. 그것을 보고 카트맨으로 일하던 다니엘이 다가와 신경 쓰지 말라며 위로해 주었다.

"나는 몇 주 동안 당신을 보고 있었어요. 당신은 좋은 사람이에요!"

다니엘을 통해서 다른 카트맨들과도 인사를 나누고 친해졌다. 프란시스코라는 카트맨은 내게 '마카리오'라는 코믹 영화배우와 닮았다면서 나를 볼 때마다 항상 큰 소리로 "올라! 마카리오!"라고 소리쳤다.

인사를 하고 지내면서 카트맨들은 내가 목사라는 사실을 알게 됐고, 평소에 궁금해하던 하나님과 성경에 대한 질문들을 하기 시작했다. 나도 그들의 언어로 된 전도지와 묵상지 〈생명의 삶〉을 나눠 주고 예수님에 대해 이야기했다.

하루는 루이스라는 카트맨이 내게 진지하게 질문했다.

"마리아에게 기도하는 것에 대해 어떻게 생각해요?"

그래서 나는 되레 이렇게 물었다.

"기도는 사람에게 하는 건가요, 하나님에게 하는 건가요?"

루이스는 당연하다는 듯 "하나님에게 하는 거지요!" 하고 말했다. 나는 다시 물었다.

"맞아요. 그러면 마리아는 하나님인가요, 사람인가요?"

루이스는 "사람이지요!" 하더니 스스로 뭔가를 깨달았는지 "아, 그렇구나!" 하고는 돌아갔다. 그날부터 루이스는 마켓에 일찍 도착하는 날엔 주차장에서 〈생명의 삶〉을 읽고 있다고 조심스럽게 말해 주었다.

오스카라는 친구도 기억에 남는다. 그는 마켓 안에 있는 김밥집에서 일하고 있었다. 두 아이의 아빠였고, 가족을 부양하기 위해 아침부터 늦은 밤까지 세 가지 일을 하면서 열심히 사는 친구였다. 첫 인상은 근육질에 날카로운 눈빛의 사내였지만, 언제부터인가 서로 반갑게 인사하고 대화를 나누는 친구가 되었다.

하루는 전도하고 있는 나에게 오스카가 심각한 얼굴로 찾아왔다. 자신의 첫째 아들이 갑자기 아파서 병원에 갔는데 긴급 수술을 해야 하고, 생명을 보장할 수 없다는 의사의 말을 들었다고 했다. 그런데 의사의 말을 듣는 중에 내가 생각났다며 기도를 부탁했다. 나는 너무나 괴로워하는 오스카를 붙들고 마켓 주차장에서 소리 내어 통곡하며 기도드렸다. 결국 오스카의 장남은 수술이 순조롭게 잘 이루어졌고 완치되었다. 오스카는 아내와 두 아이를 데리고 내게 감사의 인사를 하러 찾아왔다. 나는 오스카에게 모든 것은 하나님이 사랑하셔서 함께하시고 역사하신 것이라고 말해 주며, 예수님을 믿고 하나님의 말씀에 순종하는 삶을 살기를 권면했다. 오스카는 결단했고 나는 스페인어로 된 오스카의 첫 번째 성경책을 선물했다.

사역의 지경을 넓히시다

하루는 성령님이 내게 말씀하셨다.

"저들이 사는 동네에 가서 전도해라!"

미국에서 자기가 사는 동네를 벗어나 인근이라도 익숙지 않은 동네에 가는 것은 쉬운 일이 아니다. 치안 상태도 다르고 더구나 동양인들이 전혀 거주하지 않는 소위 멕시칸 동네에 가는 것은 일반적이지 않다. 하지만 성령님의 음성에 순종해서 인근의 '산타아나'라는 동네 마켓에 전도하러 가게 되었다.

처음에는 나도 너무나 어색하고, 마켓에 온 그 동네 사람들도 웬 아시안이 전도하고 있으니 놀라는 눈치였다. 어떤 마켓에서는 전도하다가 쫓겨나기도 했다. 그러면 옆에 있는 마켓에 가서 전도했다. 시간이 지나면서 점점 익숙해졌고, 정말 많은 사람을 만나게 되었다.

미주 두란노서원에서 아이들을 위한 묵상지 〈I Love Jesus〉과 월호를 지원받아서 부모님과 함께 마켓에 온 아이들에게 나눠 주었다. 아이들이 너무나 좋아해 주었다. 멀리서부터 달려와서 서로 달라고 하기도 했다. 자연스럽게 부모님들에게 예수님도 전하고 전도지도 나누게 되었다.

새로운 선교지가 개척된 것처럼 기쁨이 넘쳤다. 알고 보니 그 지역은 대부분 오랫동안 천주교의 영향 아래 있던 곳이었다. 그러다 보니 예수님의 구원 복음에 대해 자세히 들어 보지 못한 사람이 많았다. 그들이 전도지를 받아서 읽고 아이들이 예수님에 대한 묵상지와 만화 전도지를 받아 읽는 모습을 보면서 성령님이 너무나 원하시는 일이었음을 깨닫게 되었다.

내가 노숙자 사역을 시작한 것도 이 무렵이었다. 그때까지만 해도 나는 노숙자를 본 적이 별로 없었다. 내가 사는 동네에는 노숙자가 거의 없다. 시 정책상 노숙자들 진입을 차단한다는 소문이 있을 정도였다. 그런데 산타아나에는 거리 곳곳에 노숙자가 많았다. 요즘에는 산타아나도 정책이 바뀌고 곳곳에 개발이 이루어져 노숙자들이 많이 사라졌는데, 당시에는 도시 곳곳에 노숙자가 넘쳐났다.

내가 샌드위치와 음료 패키지를 준비해서 산타아나 노숙자들에게 나누어 준다는 소식을 들은 주변 사람은 나를 찾아와 위험하니 조심해야 한다고 걱정해 주었다. 나도 처음에는 두려웠는데 영혼들을 만나고 그들의 필요를 보면서 염려와 걱정은 사라지고 점점 더 그분들 속으로 들어가게 되었다. 정말 다양한 이유로 노숙자의 삶을 살아가는 분들의 사연도 듣게 되고 특별히 긴급한 의료 지원이 필요한 분들도 만나게 되었다.

다리가 감염되어 온몸에 열이 나서 움직이지도 못하고 고통받고 있던 알렌을 발견하고 긴급하게 911에 연락하여 구조하던 날을 잊지 못한다. 동네 전체를 뒤흔드는 구급차와 소방차의 요란한 사이렌 소리에 동네 사람들이 다 몰려왔다. 너무나 심각한 상태의 알렌이 발을 동동 구르던 모습이 지금도 생각난다.

그렇게 실려 간 알렌이 며칠 후에 거리에서 다시 퉁퉁 부은 다리로 누워 있었다. 나는 그 모습에 속이 상해서 어떻게 된 것인지 물었다. 알렌은 병원에서 다리를 절단하라고 했다며, 그 말에 화가 나서 무작정 뛰쳐나왔다고 했다. 나는 다시 알렌을 설득해서 병원으로 보내며 치유되기를 간절히 기도했다.

소식이 끊긴 후 몇 달이 지나서 알렌을 다시 거리에서 만났다. 다리는 절단하지 않았고 말끔히 다 나아 있었다. 알렌은 병원에 가서 다시 화를 내고 사고를 쳐서 결국 구치소에 가게 되었고, 그곳에서 몇 달 동안 수감된 채로 치료받았다고 했다. 그러자 다리의 붓기가 다 빠지면서 치료가 되더란다. 알렌은 내게 고맙다고 했다. 나는 하나님이 알렌의 상황을 아시고 인도하셔서 치유받은 것이니 예수님을 믿고 의지하라고 권면하고 기쁨으로 헤어졌다.

이후로 주님은 점점 더 많은 노숙자를 섬기도록 사역의 영역을 확장하셨다. 산타아나 시청 근처에는 노숙자들에게 특별한 두 곳이 있다. '텐트 사이트'와 '터미널'이라는 곳이다. 터미널은 매일 오후 5시가 되면 하룻밤을 지낼 수 있는 숙소와 연결어 있어서 노숙자들이 모이는 장소이다. 그래서 나는 노숙자들이 모이는 시간에 그곳에 가서 샌드위치와 음료, 그리고 전도지를 나눴다.

터미널에서 종종 십 대 청소년들도 만났다. 가정 불화와 문제로 가출하여 그곳까지 온 아이들이었다. 너무나 가슴이 아프고 안타까워서 때로는 가진 돈을 건네며 집으로 돌아갈 것을 권면했다. 그러나 돌아갈 수 없는 사연이 있는 청소년들도 많았다.

'텐트 사이트'는 아예 시청 앞 콘크리트 주차장 공터에 노숙자들이 100여 개에 가까운 텐트를 치고 거주하는 장소이다. 만났던 몇몇 노숙자들은 자신들도 밤에는 그 장소가 무서워서 가지 않는다고 말해 주기도 했다. 그런데 계속 노숙자들을 섬기면서 그 '텐트 사이트' 안에까지 들어가서 음식과 음료, 전도지를 나누게 되었다. 그렇게 지속적으로 전도하자 그 안에서 나를 돕는 노숙자들이 생기기 시작했다. 마치 나와 함께하는 스태프처럼 내가 오는 시간에 미리 와서 기다리다가 함께 음식과 음료를 옮겨 주고 도와주었다. 약물에 취한 사람도 있었고 도박에 빠져 무료하게 시간을 보내는 사람도 있었다. 어떤 노숙자는 자신도 예전에 교회에 다녔다며 헌금을 하기도 했다. 갑자기 칼을 들고 위협하는 노숙자도 있었는데 그때마다 다른 분들이 나서서 나를 막아서며 보호해 주기도 했다.

5년 가까이 노숙자들을 섬겼다. 산타아나의 노숙자 정책이 바뀌면서 라이선스를 따지 않으면 노숙자들에게 음식을 제공할 수 없다고 경찰들이 나를 찾아와 말했다. 여러 경로로 라이선스를 따려고 알아보고 노력했는데 여의찮았다. 이제 이 사역은 그만하라고 하시는 성령님의 음성으로 들었고, 순종했다.

얼마 전 산타아나에 갈 일이 있어 예전에 노숙자들을 섬기던 곳들에 가 보았다. 지금은 그들이 없고 깨끗하게 청소되어 있었다. 그 많은 사람이 어디로 갔을까 걱정이 되었다. 그렇다고 거리에 노숙자들이 모두 사라진 것은 아니었다. 코로나 사태가 터졌을 때, 성령님이 다시 거리로 가서 노숙자에게 음식과 음료를 나누라는 마음을 주셨다. 전염병에 대한 병적인 공포가 휩쓸던 때라 그런지 거리에는 아무도 없었다. 그러나 곳곳에서 힘들어하는 노숙자들을 만날 수 있었다. 성령님은 그들에게 마스크와 음식, 음료와 약간의 돈을 나누게 하셨다. 지금도 비가 오거나 추운 날이면 우산도 사고 햄버거와 따뜻한 커피를 사서 거리를 돌며 노숙자들에게 나누고 있다. 더운 여름에는 생수를 얼려서 아이스박스에 싣고 다니며 나눈다.

돌이켜 보면 '응급실 교회'와 '터미널 교회'로서 교인도 없는 교회가 이 소명을 감당할 수 있었던 것은 '크신 능력으로 믿는 자들에게 은혜를 베푸시는' 하나님의 일하심이었음을 고백하게 된다. 또한 하나님을 사랑하고 예배하고 헌신하는 신실한 주님의 성도들과 교회의 섬김과 헌신이 있었다. 뉴저지 온누리교회 마크 목사님과 성도들이 노숙자들을 위한 특별 비전 헌금 수천 달러를 보내 주기도 했다. 갑자기 전화를 걸어 계좌번호를 묻고 헌금을 보냈기에 노숙자 사역을 위해 사용했는데, 수년이 지나서 그 헌금이 노숙자 사역을 위해 교회가 특별헌금한 것임을 듣고 놀라고 감사했다.

성령님은 "내 교회를 세워라!"라는 명령으로 교회를 시작하셨다. 한 가정과의 이상한, 그러나 놀라운 축복의 동거로 역사하시고, 거리 전도 가는 길에 만나는 나보다 더 힘든 노숙자들의 필요를 채우라는 마음을 주셨다. 또 동양인이 거의 없는 동네에 가서 온 사방 사람들의 이목을 받으며 복음을 전하라고 하셨다. 매일 전도한 사람들, 거리에서 만난 노숙자들, 긴급한 영적 필요와 도움을 받고 돌아간 사람들의 이름을 부르짖어 기도하게 하셨다. 동네에서 가장 교인의 수가 적은 교회인데, 여러 인종과 계층의 많은 사람을 만나게 하시고 영혼들을 섬기고 기도하는 교회가 되게 하셨다. 영혼만

을 위해 헌신하는 무모한 도전으로 순종하게 하셔서 '응급실 교회'
와 '터미널 교회'의 소명을 이루어 가게 하셨다. 하나님의 역사하심
을 찬양한다.

팬데믹 기간 중에 거리로 부르신 하나님

2019년 12월, 전 세계적으로 흉흉한 전염병 소식이 들려왔다.
2020년 1월이 되면서부터 코로나19 전염병이 세계 각지로 확산되
었다. 미국에서도 마스크를 비롯해서 생필품 사재기 현상이 일어
나기 시작했다. 급격하게 확산되는 전염병에 대한 두려움이 몰려
들기 시작했다.

2020년 3월이 되면서 미국에서도 셧다운(shutdown)이 실시되었
다. 모든 외부 활동을 금지하고 집 안에 머물라는 강제 명령이다.
순식간에 미국에 사는 사람 모두의 이동이 제한되었다. 응급실 교
회로서 영적 필요가 있는 영혼들을 위해 매일 저녁 교회 예배당에
모여 2시간씩 기도하던 모임을 진행하기 어렵게 되었다.

그러나 함께 기도하는 모임을 멈출 수는 없었다. 방법을 찾던
중, 셧다운이 실시된 첫날 정용암 목사의 도움을 받아 핸드폰으로
유튜브 실시간 방송 진행 방법을 배운 후에, 교회로 갔다. 가는 동
안 집 근처 거리에는 차가 한 대도 보이지 않았다. 심지어 출퇴근
시간에 수많은 차량이 몰려들어 주차장으로 변하던 고속도로 역시
텅텅 비어 있었다. 거리를 다니는 차라고는 내 차가 유일했다. 마치
재난영화에서나 볼 법한 장관이었다. 재앙이 지구에 닥치자 모든

문명이 멸망하고 생존자 몇 명만이 살아가는 영화 속 설정이 현실이 된 것만 같았다. 정말 기가 막혔다.

교회 예배당으로 사용하던 비즈니스 건물들도 불이 다 꺼져 있었고, 주차장도 텅텅 비어 있었다. 해가 지고 어둠이 내린 건물들 속에서 홀로 생방송 스트리밍을 켜고 매일 저녁 기도회를 시작했다. 그런데 놀라운 일이 벌어졌다. 예배에 참여해 주는 사람들은 소수의 우리 교인뿐만이 아니었다. 전 세계에서 두려움 속에 당황하고 답답해하던 많은 형제자매가 함께 기도 시간에 참여해 주었다. 전에 없던 강력한 전염병의 위기와 두려움 속에서 많은 교회와 교인들이 영적인 결핍과 갈급함을 느끼고 있음을 알게 되었다.

기도에 참여해 주는 사람들은 정말 다양했다. 미국뿐 아니라 유럽과 한국, 여러 아시아 국가에 살고 있는 형제자매가 온라인상에서 모여 주었다. 우리는 얼굴도 모르고 만난 적도 없었지만, 함께 기도하며 받은 은혜를 나누었다. 전화나 이메일을 통해 간증을 나누어 주었고, 저마다의 소식을 전해 주었다.

포틀랜드에 사는 한 자매는 팬데믹으로 인한 여러 어려움 가운데 남편과의 관계가 악화되어 이혼을 생각하던 중에 우연히 우리 교회 유튜브 기도회에 참여하면서 영적 회복을 경험했다. 그리고 남편에게도 권하여 함께 기도하는 시간을 가졌다. 그 결과 부부의 관계가 회복되었고, 계속되는 기도 가운데 은혜를 받아 부부가 선교사로 헌신하게 되었다는 간증을 알려 왔다.

부산에 사는 한 나이 많은 권사님은, 팬데믹 기간에 고립되자 영적으로 큰 침체에 빠져 믿음의 기초가 흔들리는 상황에까지 이르렀다고 했다. 그런데 함께 기도하는 시간을 통해서, 다시금 믿음을 회복했다며 감사의 말씀을 전해 주었다.

모든 것이 멈춰 버린 재난의 시간, 미국의 한 구석에서 응급실 교회로 열방에 흩어진 여러 형제자매를 섬길 수 있었던 것은 너무나 감사한 주님의 역사하심이었다. 두려움 가운데 뒤로 물러가 침륜에 빠지는 존재가 교회와 성도가 아님을 주님은 결단하여 기도의 자리로 나아간 우리에게 분명하게 보여 주고 말씀하셨다.

주님의 이름을 부르며 함께 기도하고 부르짖을 때에, 다시금 주님의 깊은 임재와 손길을 경험할 수 있었고, 새로운 믿음의 소망과 담대함이 솟아나기 시작했다. 그리고 성령님은 다시 거리로 나아가 복음을 전하라고 말씀하셨다. 그래서 순종하기로 결단하고 기도로 인도하심을 구하며 계획을 세우기 시작했다.

그 당시에는 개인 간 접촉이 제한되는 상황이었다. 이런 상황에서 거리에서 영혼들에게 주님의 마음을 전하고 말씀을 전하는 방법을 고민하고 기도했다. 그때 성령님이 아이디어를 주셨다. 첫 번째는, 교회에서 사용하는 승합차 양쪽 긴 유리창에 복음 문구를 게시하여 운전자들과 거리를 다니는 사람들에게 전하는 것이었다. 두려움 가운데 낙담한 영혼들을 향해 짧지만 분명한, 주님의 마음을 담은 문구가 필요해 기도했다. 성령님의 응답에 따라 양쪽 창문에 게시할 첫 번째 문구를 정해 제작했다.

"Peace to America! God protect you!(미국에 평화를! 하나님이 당신

을 지키십니다!)"

"Return to God! Jesus loves you!(하나님께 돌아오세요! 예수님이 당신을 사랑하십니다!)"

셧다운 3주 만에 차량 운행을 비롯해 필수 외출과 이동이 재개되었다. 나는 곧바로 차에 이 문구를 붙이고 거리로 나갔다. 하루 3시간씩 기도하며 차를 몰고 근처 도시를 다녔다.

의외로 고속도로에서 다른 운전자들에게 이 문구가 강렬하게 인식되었고, 많은 사람이 경적을 울리고 엄지 손가락을 올리며 호응했다. 때로는 고개를 숙여 인사를 건네기도 하고 창문을 내려 눈물이 가득한 눈으로 바라보며 "Thanks!"를 외치는 사람도 많았다.

많은 사람의 여러 반응을 보면서 두려움 속에서 공포와 좌절과 어떤 소망의 소리도 사라진 상황 속에서 이 작은 문구 하나가 영혼들에게 얼마나 큰 울림을 주었는지 느낄 수 있었다.

팬데믹 가운데 성령님이 주신 전도 아이디어 두 번째는, 큰 보드판에 전도의 문구를 적어서 차량 통행이 가장 많은 시간과 거리에 서서 전하는 것이었다. 이번에도 기도하는 가운데 문구를 주셨다. 두려움 가운데 예수님을 바라보라는 것과 돈이 아닌 예수님을 의지하라는 내용이었다.

"Peace to you! Don't fear death. Only fear God. Jesus save us forever! Jesus loves you!(당신에게 평안이 있기를 빕니다! 죽음을 두려워하지 마십시오. 오직 하나님을 두려워하십시오. 예수님은 우리를 영원히 구원해 주십니다! 예수님은 당신을 사랑하십니다!)"

"Peace to you! For the love of money is the root of all evil! Return to God! Jesus loves you!(당신에게 평안이 있기를 빕니다! 돈을 사랑하는 것은 모든 악의 근원입니다! 하나님께로 돌아오십시오! 예수님이 당신을 사랑하십니다!)"

언제나 복음의 신실한 동역자인 한희성 목사님과 제이미 사모님이 디자인과 제작을 도와주었다. 매일 2-4시간씩 기도하며 고속도로 출입구와 가까운 거리에 전도 보드판을 들고 나갔다. 캘리포니아의 뜨거운 햇빛과 맞서서 온몸을 모자와 천으로 가리고 마스크를 쓰고 서 있는 것은 땀범벅이 되고 숨이 차서 쉽지 않았다. 그러나 이번에도 역시 많은 사람이 경적을 울리며 감사를 표해 주기도 하고, 조용히 차 창문 안에서 고개를 끄덕여 주었다. 그런 영혼들을 볼 때마다 어떤 어려움도 잊었다. 어떤 분은 일부러 근처 공원에 주차하고 나를 찾아와 격려해 주었다. 또 어떤 분들은 신앙 상담이나 기도를 부탁하기도 했다.

하루는 랜스라는 남성이 공원 주차장에 주차를 하고 나를 찾아왔다. 지나가면서 몇 번 보았는데 너무 빠르게 운전하느라 내용을 제대로 못 보았다면서, 궁금해서 찾아왔다고 말했다. 그러고는 내 앞에 서서 전도 보드판의 문구를 큰 소리로 읽더니 큰 손을 내게 내밀어 악수를 청했다. 어려운 시대에 자신과 이 도시에 사는 사람들에게 큰 소망을 주어서 고맙다면서 말이다. 우리는 서로를 축복해 주며 헤어졌다.

준이라는 한인 2세 남자분도 나를 찾아왔다. 부모님을 따라 한

인교회에 다녔지만, 대학생 시절에 하나님을 떠나 20년간 방황하며 세상에서 많은 죄를 짓고 살았다고 했다. 그러던 어느 날, 예수님이 꿈에 이 형제를 직접 찾아오셨다. 부모님의 통곡과 눈물의 기도가 비로소 형제를 변화시키는 기적으로 연결되었다.

준은 우체국에 일이 있어 오는 중에 전도 보드판을 들고 서 있던 나를 보고 몇 번이나 지나쳤는데, 오늘 또 보게 되었다고 했다. 성령님이 꼭 찾아가서 대화를 나누라고 하셔서 찾아왔다는 것이다. 그러면서 신앙생활을 시작하며 어렵고 혼란스러운 것들에 대해 물

어왔다. 나는 여러 말씀으로 권면하고 격려해 주었다. 세상의 모든 것이 멈춘 것 같은 팬데믹 시간 속에서 주님이 여전히 잃어버린 영혼들을 향하여 역사하고 계심을 볼 수 있었다. 얼마나 감사한지 감사의 눈물이 흘러내렸다.

그런가 하면, 전도 문구를 보면서 분노를 참지 못하며 소리를 지르는 사람들도 있었다. 처음에는 너무나 위협적이고 두렵기도 했지만, 그 영혼을 잠잠히 바라보며 축복하며 간절히 기도했다. 그러고 나면 마음이 뜨거워지고 주님의 사랑이 더 강하게 느껴지곤 했다.

팬데믹 동안 뜨거운 햇빛 아래 열기가 달아오르는 아스팔트 위에 서서 지나가는 영혼들을 주님의 마음으로 기도하며 바라보면서 머리 속에 맴도는 찬양이 있었다. 주찬양 선교단의 "나는 소리요"라는 찬양이다.

나는 소리요 빈 들에서 외치는 소리요

그의 길을 예비하라고 외치는 소리요

나는 물로 세례를 주나 그는 성령으로

나는 물로 세례를 주나 그는 불로 주리

그는 곧 하나님의 아들 그리스도라

두려움으로 모든 소망의 소리, 복음의 소리마저도 위축되는 시즌 속에서도 주님은 우리를 주님의 소리로, 주님의 사랑과 소망의 소리로 부르셨음을 강하게 느끼게 되었다.

팬데믹 중에 성령님이 주신 전도 아이디어 세 번째는, 더욱 더 어려움 가운데 있는 노숙자들을 섬기라는 것이었다. 팬데믹 초기에는 모든 노숙자 센터들이 문을 닫고 활동을 하지 않았다. 여전히 감염의 공포와 두려움이 강한 상황에서 거리를 떠도는 노숙자들 중에는 마스크 하나 변변히 쓰지 못한 분들이 많았다.

간단한 스낵과 음료수 그리고 손 소독제, 마스크, 손장갑을 팩으로 준비해서 차에 싣고 주변 도시의 거리를 다니며 만나는 노숙자들에게 전달했다. 때로는 패스트푸드점에서 음식을 사 먹을 수 있는 기프트카드(gift card)를 구입해서 주기도 하고, 직접 패스트푸드점에서 음식을 사서 주기도 했다. 비가 오는 날에는 우산과 비옷, 음식과 따뜻한 음료를 준비해 나눴다. 사람들이 다 사라진 거리에서 홀로 주저앉아 있는 노숙자들을 만날 때마다 서로 반가워하며 축복하고 예수님을 전했다.

팬데믹이 어느 정도 안정되고 나자 전에 만나던 노숙자들 중에 적지 않은 수가 보이지 않았다. 내가 그들을 위해 더 할 수 있는 일은 없었을까 하는 마음에 매우 힘들었다. 일상에 너무나 익숙해져서 영혼들의 필요와 가치에 대해 무감각해진다면 훗날 주님 앞에 섰을 때, 크게 후회하지 않을까 하는 생각을 심각하게 하게 되었다. 나는 무엇을 위해, 또 무엇을 가치 있게 여기며 일상을 살아가고 있는가 돌아보았다. 주님 앞에서 정산할 날이 있음을 깨닫고 오늘 우리에게 호흡이 허락된 날 동안에 쉬지 말고 주님을 예배하자고, 아울러 주님이 찾으시는 잃어버린 영혼들을 위해 기도하며 나아가 섬기자고 다시금 결단하는 시간이었다.

팬데믹 중에 성령님이 주신 전도 아이디어 네 번째는, 더 이상 머뭇거리지 말고 거리로 나가 영혼들을 만나라는 명령이었다. 팬데믹 사태가 일어난 지 1년이 지났을 때, 여전히 사람들은 감염의 두려움 속에서 예배 참석을 꺼리고 제한된 만남을 이어 가고 있었다. 나는 순종하는 마음으로 사이프러스 시에 있는 시티 컬리지 주차장에서 주말마다 열리는 스와밋 시장(벼룩시장)에 가서 노방전도를 재개하였다. 정용암 목사와 한희성 목사가 함께해 주었다. 성령님이 기도 가운데 나아가라는 마음을 주시기도 했고, 스와밋 시장도 다시금 운영을 시작하는 상황에 여전히 감염을 두려워하여 전도의 자리를 피하는 것은 합당치 않고 부끄러운 일이라는 생각이 들었다.

작은 사업체를 운영하는 한 집사님이 전도 재개 소식을 듣고 마스크와 손 소독제를 헌물해 주셔서, 전도지와 함께 예수님을 전하며 나눠 주었다. 반응은 뜨거웠다. 해당 지역이 경제적으로 넉넉지 못한 곳이어서였는지, 예수님을 전하며 방역물품과 함께 전도지를 나누자 호의적으로 받아 주었다. 전도할 때마다 150명에 가까운 사람들을 만날 수 있었다.

이번에도 미주 두란노서원에서 〈I Love Jesus〉 과월호를 지원해 주어서, 부모님 손을 잡고 외출 나온 어린이들이 몰려들어 가져갔다. 어린아이들이 큐티지와 전도지를 읽을 때 생명의 말씀의 씨가 그들 영혼에 떨어져 자라기를 간절히 기도하고 축복하며 나눠 주었다.

이렇게 팬데믹 기간에도 성령님은 영혼을 향한 주님의 전도 사역이 멈추지 않고 계속될 수 있게 하셨다. 우리가 늘 부르던 찬양의 가사가 있다.

세상 모든 민족이 구원을 얻기까지 쉬지 않으시는 하나님
주의 심장 가지고 우리 이제 일어나 주 따르게 하소서

두려움과 공포의 시대, 팬데믹 기간에도 주님은 쉬지 않으셨고, 주님의 심장을 우리에게 주셔서 주님을 따르는 은혜 안에 있게 하셨다.

Part. 2
온누리에 울린 소나타

4
chapter
보잘것없는 물고기 한 마리가
나였음을

내 특기는 '전도'

미국 거리에서 전도하기 전, 주님은 내게 온누리교회에서 대학부 바울공동체를 섬기는 기회를 주셨다. 돌이켜보면 그때의 내가 너무나 미성숙하고 부족하게만 느껴져 부끄럽지만, 여러 다양한 부서를 맡아 사역할 때에 주님이 부어 주신 은혜와 역사가 많았다. 온누리교회에서의 10년은 내게 있어 영적 아버지였던 하용조 목사님과 좋은 리더 목사님들 그리고 훌륭한 동역자와 함께하며 하나님 나라와 예수님의 복음을 위해 과분하게 쓰임 받았던 시간이었다.

무엇보다 하나님 나라의 비밀 병기로서 열정을 다해 섬겨 준 형제자매가 많이 있었다. 그들과 함께 대학부 공동체에서 전심으로 주님을 예배하고, 예배를 마치고 나면 서울역과 대학로 거리로 달려가 전도하며 주일 밤까지 온전히 드렸던 그 시간들과 아웃리치로 여러 지역을 다니며 복음을 전했던 시간들이 기쁨의 축제와 같았다. 모든 것이 하나님의 은혜와 축복이었다.

온누리교회에서 사역하게 된 것은 군복무를 마치고 결혼한 직후의 일이다. 그 무렵 나는 해외 선교하는 단체의 간사로 수년간 섬기고 있었다. 그러다가 휴학했던 신학대학원에 다시 복학했을 때, 대부분의 신학생이 교회에서 전도사로 사역하고 있었다. 교회 전도사 사역을 통해서 경험도 쌓고 학비와 생활비를 지원받을 수도 있으니 좋은 일이었다. 그러다 보니 신학대학원 학과 사무실 앞 큰 알림판에는 전국 교회에서 전도사를 모집한다는 광고가 줄줄이 게시되어 있었다.

하루는 그 게시판 앞을 지나가는데 어느 전도사님이 광고 게시물 중 하나를 떼어 호주머니에 넣고 있었다. 그 게시물은 꽤 규모 있는 교회의 사역자 모집 내용이었다. 아마 사역 지원 내용도 좋았던 것으로 기억한다. 나는 그 모습을 보며 괜히 마음이 불편해졌다. 그 전도사님 때문도, 교회 때문도 아니었다. 다만 사역 현장의 현실에 한숨이 나왔다. 교회에 사역자가 세워진다는 것은 주님의 부르심과 받은 사명 안에서 이루어져야 할 아름다운 일이다. 그러나 현실적인 필요 속에서 사역자를 모집하고 또 지원해야 하는 교계의 현실이 안타까웠다. 우리가 주님 앞에서 어떤 태도와 자세로 서 있어야 하는가에 대한 본질적인 고민을 하게 되었다.

사실 나 역시 모 교회에 지원하려고 사역 지원서를 써 놓은 상태였다. 고민이 되었다. 이것을 제출하고, 여느 회사에서 이루어지는 단계를 따라 사역자가 되어도 되는 걸까. 그렇다고 지원하지 않는다면 우리 가족은 무엇으로 먹고살아야 하는 걸까. 그렇게 고민만 하다가 결국 사역 지원 마감일을 넘기고 말았다. 그때 아내는 대학생 캠퍼스 선교단체에서 간사로 섬기고 있었다. 언제까지 아내에게 생활의 모든 짐을 지울 수는 없는 노릇이었다. 현실 앞에서 너무 이상적인 고민만 하는 것인가 하는 자책과 아내를 향한 미안한 마음이 커졌다.

그날 아내는 근무하던 선교단체에서 주최하는 전도 캠프 훈련을 떠나는 날이었다. 나는 아내 얼굴이라도 보려고 대학교 캠퍼스를 찾아갔다. 아내는 막 차를 타고 떠나려다가 나를 보고 반가운 얼굴로 인사해 주었다. 그리고 물었다.

"교회 사역자 지원은 잘 했어요?"

나는 대충 말을 흐리고 잘 다녀오라 인사를 건넨 뒤 서둘러 걸음을 옮겼다. 그때, 대학 후배 C가 나를 부르는 소리가 들렸다.

"은호 형!"

C는 내게 대뜸 교회 사역은 하고 있느냐고 물었고, 아직 사역하지 않는다고 답하자 온누리교회 대학부 담당인 박인용 목사님 이야기를 꺼냈다. 당시에 C는 온누리교회 교육 부서의 교사로 수년 동안 섬기면서 여러 부서의 목사님들을 잘 알고 있었다. 주님을 위한 사역에 대한 본질적인 고민을 하던 나는 대수롭지 않게 생각하고 후배와 헤어졌다.

며칠 후, C에게서 연락이 왔다. 박인용 목사님이 주일에 찾아오라고 했다는 것이다. 나는 그 주 주일에 박인용 목사님을 찾아뵙기 위해 사역 지원서를 들고 동부이촌동으로 향했다. 주일에 찾아간 온누리교회에는 놀라울 정도로 인파가 몰려들었다. 사실 나는 친구의 전도로 달동네 교회에서 예수님을 처음 만나 신앙생활을 해 왔다. 작은 교회였지만 하나님을 사랑하고 서로 가족처럼 사랑하던 교회였다. 그런 곳에서 신앙생활 하며 나는 어려운 동네 작은 교회를 섬기는 사역자가 되리라 다짐했기에 소위 대형 교회의 모습이 낯설고 불편했다.

인파를 뚫고 물어물어 교역자실을 찾아 박인용 목사님을 만났다. 목사님은 내 사역 지원서를 보고는 특기가 있느냐고 물었다. 나는 자신 있게 대답했다.

"전도입니다!"

가끔 그때 일을 생각하면 나도 웃음이 나오곤 한다. 아무래도 규모가 있는 교회일수록 다양한 사역이 펼쳐질 것이고, 그러다 보면 다양한 달란트가 필요할 것이다. 예를 들어 악기를 좀 다룰 줄 안다든가, 찬양 인도를 잘한다든가 하면 찬양 사역을 할 수 있지 않겠는가. 그런 상황에서 전도가 자신의 특기라고 말하는 사역 지원자의 대답은 다소 황당하게 들렸을 것이다.

그러나 내 대답은 한 치의 거짓이나 가식 없는 진실이었다. 나는 주님의 큰 은혜와 사랑을 받아서 예수님을 믿게 되어, 누구든지 만나기만 하면 그 은혜와 사랑을 주신 예수님을 전하고 싶은 것 외에는 내세울 것도 없고, 가진 것도 없는 사람이었다. 그래서였을까. 하용조 목사님이 몸이 아프셔서 미국과 일본에서 치료받으시던 무렵 내가 전임 사역자가 되면서 뵌 적이 있다. 그때 하용조 목사님이 내게 누구냐고 물으시기에 이번에 전임 사역자가 된 사람이라 말씀드리니 "하나님의 큰 은혜와 축복을 받으셨습니다"라고 말씀해 주었다. 그때 일이 늘 기억나곤 한다.

그날 면접을 보고 나는 정식 사역자 자리가 없어서 임시 간사로 섬기게 되었다. 보수도 없고, 대학부 내에 사역자로서의 어떤 직함도 없었지만 기쁜 마음으로 사역을 시작했다. 박인용 목사님은 매주 예배와 성경 공부 후에 대학생들과 서울역이나 대학로에 나가서 밤늦게까지 전도하곤 했다. 또 여름과 겨울에는 해외 선교를 하며 선교공동체로서 온누리교회 대학부를 이끌어 갔다. 그때만 해도 사역자로서의 본질에 대한 회의에 빠져 고민하던 나는 생활의 어려움과 진로의 불확실성은 주님께 다 맡기고 선교적 대학부 공동체에서 함께 예배하고 복음을 전하는 사역에 동참하며 감격과 기쁨에 벅차곤 했다. 캠퍼스 선교단체 간사로 일하던 아내도 말없이 기도하며 함께 응원해 주었다.

그 후 2년이 지나는 동안 여러 어려움과 사건들이 있었지만, 주님은 예수님의 복음과 하나님 나라에 집중하는 믿음 속에서 은혜와 축복을 주셨다. 그렇게 파트 사역자를 지나, 3년 후에는 전임 사역자가 되었다. 무엇보다 주님은 그 시간들을 통해 하용조 목사님이 항상 말씀했던 사도행전적 교회를 경험하게 하셨다. 교회 건물의 웅장함과 화려함에 마음을 뺏기는 것이 아니라, 머리 되신 예수님의 비전과 교회를 이루는 성도들의 구원 역사와 헌신의 아름다움을 경험하고 깨닫고 배우게 하셨다. 그래서 힘에 부치도록 뛰고 또 뛰는 매일이 힘겹고 피하고 싶은 시간이 아니라, 성령님과 동역자들과 함께 꿈꾸고 예배하고 걷고 뛰는 기쁨과 감사와 감격이 넘치는 시간들이 되게 하셨다.

아울러 하나님이 세우신 리더 하용조 목사님과 박인용 목사님이 '바로 그 교회'의 비전을 향해 헌신하여 달려가는 모습을 보는 것은 또 다른 감동과 거룩한 기쁨의 시간들이었다.

저 보잘것없는 과일과 물고기가 너다

어느 날, 박인용 목사님이 성인 공동체로 떠난다는 소식을 들었다. 한편으로는 충격이 컸다. 사실 내게는 하나님이 세우신 리더의 권위에 순종하는 것이 하나님의 권위에 온전히 순종하는 것이라는 원칙이 있었다. 그래서 내가 해야 할 일은 오직 박인용 목사님과 함께 예배하고 선교에 헌신하는 것이라고만 생각해 왔었다. 거기다 아직 내 부족을 누구보다 잘 알고 있었기에 그 자리를 대신한다는 것은 감당할 수 없는 짐이라고만 생각했다.

물론 지금이야 그때의 그 마음이 내 안에 머리 되신 예수님과 모든 것을 주관하고 이끄시는 성령님을 믿기보다, 사람을 의지하고 내 능력을 먼저 생각하는 불신이었다는 것을 안다. 그러나 당시는 당장 하나의 대학부가 두 공동체로 나뉘고, 예배 시간도 긴급하게 결정해야 하는 상황이 이어졌다. 눈앞에 펼쳐진 상황과 내 무능력에 집중하는 불신 속에서 모든 것을 내던지고 도망가고 싶은 생각까지 들었다.

기도하는 가운데, 성령님이 내게 말씀하셨다.

"이 상황은 내가 허락한 것이다."

나는 울고불고 매달렸다.

"나는 부족합니다. 자격이 없습니다."

"안다. 그러니 네가 하는 것이 아니라 내가 할 것이다. 너는 순종해라."

그리고 주님은 두 가지 환상을 보여 주셨다. 첫 번째는, 진귀한 과일들 가운데 너무나 허름한 과일 하나가 놓여 있었다. 두 번째는, 바다에 크고 멋진 물고기들 가운데 조그맣고 보잘것없는 물고기 한 마리가 끼어 있었다. 성령님은 말씀하셨다.

"저 보잘것없는 과일과 물고기가 너다. 내가 너를 이들 가운데, 이 상황 가운데 불렀다. 그러나 보잘것없는 네가 만물을 충만케 하고 온전케 하는 나를 바라보면 너에게서 나올 수 없는 역사를 내가 이룰 것이다."

환상과 성령님의 음성을 보고 들으면서 감사와 기쁨이 넘쳤지만, 한편으로는 '내가 정말 보잘것없는 사람이라고 주님도 인정하시는구나'라는 생각에 웃음이 나왔다. 더는 할 말도, 핑계 댈 것도 없었다. 그래서 대답했다.

"순종하겠습니다. 그러면 대학부 예배 중에 어느 시간 예배를 맡아야 합니까?"

성령께서 말씀하셨다.

"좌 하면 우 하고, 우 하면 좌 해라."

다음 날 나는 다른 대학부를 담당하는 동료 목사님을 만나 먼저 예배 시간을 정하시도록 말씀드렸다. 그렇게 나는 주일 오전 11시에 드리는 대학부 예배를 맡게 되었다.

성령님의 음성을 듣고 순종하기로 결정은 했지만, 현실적으로는 눈앞이 캄캄했다. 과연 대학생들이 주일 이른 아침 예배에 참석해 줄까 싶은 생각이 들었다. 거기다 대학부 학생들이 자발적으로 공동체를 선택해야 하는데, 기도와 말씀, 믿음과 선교만 앞세우는 강성의 이미지였던 나를 부담스러워하는 것 같았다. 박인용 목사님은 모든 대학부의 상황을 주일까지 비밀로 하기로 했지만, 이미 청년들 사이에서는 대학부가 나뉜다는 소문이 났다. 거기다 새로 뽑힌 임원단 전체가 내가 맡은 대학부가 아닌 다른 대학부로 가기로 했다는 소문까지 났다.

박인용 목사님은 내게 "몇 명이 오든 낙심하지 말고 믿음으로 뚫으세요!"라고 말씀해 주었다. 그 말이 격려로 들리기보다는 '아, 목사님이 보시기에도 내가 맡은 대학부로는 자원하는 학생이 없을 것 같은가 보다'라고 생각했다. 또 대학부 선배이자 예수전도단에서 워십댄스 사역을 하던 김지형 자매에게도 연락이 왔다. 그는 기도 중에 하나님이 보여 주신 것이 있다며, 내가 맡은 대학부가 소수의 인원이지만 강력한 주님의 군대와 같은 공동체로 세워질 것이라고 말해 주었다. 그때도 나는 '아, 역시 몇 명 안 모이나 보다'라는 생각뿐이었다. 그러나 낙심은 하지 않았다. 어차피 성령님이 순종하라고 하셨기에, 어떤 상황이 벌어지든 끝까지 순종해야겠다는 생각으로 다 맡기기로 했다.

당장 주일 사역을 시작해야 했지만 돕는 손이 없었다. 주일 전날 꾸려진 임원단의 서기 배현경 자매와 부서기 오순제 자매가 공동체 사역을 돕겠다며 연락해 주었다. 20여 년이 흘러 어느새 의사가 된 배현경 자매의 간증을 얼마 전에 듣게 되었다. 배현경 자매는 늘 대학부 예배 맨 뒷자리에 앉아서 예배가 빨리 끝나기만 기다리던 형식적인 크리스천이었다고 했다. 마침 부족한 내가 예배 인도를 하는 시간이었는데, 방언이 터지며 성령님의 터치와 역사를 경험하게 되었다는 것이다. 그래서 아무도 돕는 자가 없는 상황에서 성령님의 감동 가운데 용기를 내어 공동체를 위해 헌신하겠다고 자원하게 되었다고 간증했다. 성령충만한 평신도를 세워 하나님의 비전을 보이시고 교회를 이끌어 가시는 놀라운 역사를 다시금 확인했다.

모세 세대를 기억했던 여호수아 세대처럼

대학부 공동체를 새롭게 시작하는 날, 나와 함께 공동체를 섬기기 위해 121명의 형제자매가 자원해 주었다. 대부분 대학부에 온 지 1년이 안 된 새가족이었다. 우리는 기도에 힘썼고, 선교에 헌신했으며, 예수님의 몸 된 공동체를 함께 세우려 애썼다.

하루는 기도 중에 성령님이 "새 포도주는 새 부대에 넣어야 할 것이니라"(눅 5:38)고 하신 예수님의 말씀을 기억나게 하셨다. 새롭게 시작하게 되었으니 기존 하나님의 역사를 전적으로 부정하라는 말씀이 아니다. 하나님이 시작하고 역사해 오신 오리지널 뜻과 비전을 담을 새로운 마음 자세와 태도를 갖는 것임을 깨닫게 하셨다. 그리고 이것은 요한계시록 말씀처럼 '첫사랑'을 회복하는 것이다. 회복은 하나님에게로 온전히 돌이키는 회개를 통해 이루어진다. 그럴 때 우리는 성령의 새로운 기름부음을 받아 말씀으로 무장된 믿음, 견고한 믿음을 회복하게 된다. 그래서 우리는 새롭게 시작하는 공동체의 이름을 박인용 목사님이 이끌던 전신 '바울공동체'의 비전을 계승한다는 의미로 '네오바울공동체(Neo-Paul Community)'로 결정했다. 우리는 전혀 다른 새로운 공동체가 아니라, 이전 공동체에 주신 하나님의 비전과 꿈을 믿음으로 이어 가는 '새로운 다음 세대' 공동체라는 데에 방향성을 두었다.

어느 날 대학부 리더인 이지헌이라는 학생이 성경통독을 하다가 심각한 얼굴로 찾아와 말했다.

"전도사님, 여호수아서를 읽을 때는 하나님의 공동체라는 자부심과 영광스러움에 신나서 성경을 읽었는데, 사사기를 읽으니 하나님의 공동체로서 너무나 부끄럽고 한탄과 한숨만 나옵니다."

'믿음의 계승'이 이루어진 여호수아 세대는 하나님이 주신 믿음의 은혜와 축복으로 이기고 또 이기는 공동체로 성장했다. 그러나 사사 세대는 하나님이 주신 믿음의 은혜와 축복을 전혀 누리지 못하고 자기 고집과 자기 의에 빠져서 결국 믿음을 잃고 거룩한 하나님의 공동체라는 자기 정체성을 잃어버리고 자멸했다.

크리스천포스트의 칼럼니스트인 조셉 마테라(Joseph Mattera) 박사는 '여호수아 세대의 특징'에 대해 일곱 가지로 정의했다. 첫 번째 원리로, "그들은 이전 세대를 존중하는 세대였다"고 말했다.

> 사람이 자기의 친구와 이야기함 같이 여호와께서는 모세와 대면하여 말씀하시며 모세는 진으로 돌아오나 눈의 아들 젊은 수종자 여호수아는 회막을 떠나지 아니하니라 출 33:11

이 구절에서 하나님은 우리에게 여호수아가 어떤 캐릭터의 사람인지 보여 주신다. 여호수아는 젊은 자라고 말한다. 이것은 그가 다음 세대임을 의미한다. 그런데 이 여호수아는 수종자였다. 수종자는 섬기는 자이다. 원문에는 '모세의 수종자'라고 표현한다. 그리고 여호수아는 회막을 떠나지 않았다고 말씀한다. 회막은 'tent of meeting'이다. 하나님을 만나는 텐트이다. 모세의 하루는 이 회막에서 시작한다. 여호수아도 이 회막을 떠나지 않고 사모한다. 종합하면, 여호수아는 하나님을 존중하고 사랑하며, 모세를 떠나지 않고 옆에서 수종 들고 섬기는 다음 세대였다.

사실 모세 세대는 여호수아 세대에게 하나님의 영광과 그 앞에서의 실패를 동시에 보여 주었다. 모세 세대는 이집트에서 하나님의 전능하신 권세와 능력을 경험한 세대이다. 하나님은 세상을 들썩이게 할 만한 열 가지 재앙으로 기적을 베푸셨고, 이로써 이스라엘은 구원과 해방을 경험했다. 그뿐인가. 이들은 눈앞에서 홍해가 갈라지는 것을 목격하고 그 깊은 곳을 통과하기까지 했으며, 자기

들을 뒤쫓던 이집트 전차군단이 눈앞에서 순식간에 수몰되는 통쾌함을 맛보기도 했다. 또한 죽음의 땅 광야로 들어가 하늘의 만나와 반석에서 솟아나는 생수의 강을 경험했다. 무엇보다 시내산에서 하나님의 임재를 경험하고 하나님과 영원한 결혼 서약과 언약서인 십계명을 받고 직접 말씀의 가르침을 받은 세대였다. 그런데도 그들은 고린도전서 10장에서 말하는 것처럼, 악을 즐겨하는 옛 습성을 버리지 못하고 우상숭배하고 음행하고 하나님을 시험하고 원망하고 불평하는 죄를 지었다. 그 결과 약속의 땅 가나안에 들어가지 못하고 40년간 광야를 방황한 세대이다.

모세 세대는 결국 약속의 땅 가나안으로 입성하지 못한다. 그들은 가나안 입구에서 통곡하며 그 지역에 상징적인 이름을 붙인다. '가데스 바네아'이다. 이곳은 하나님의 백성 이스라엘이 하나님의 말씀을 받고 기적을 체험했어도 믿음이 부족해 광야에서의 거룩한 방황이 시작된 곳이다.

우리가 주목해야 할 것은 여호수아와 그 세대이다. 그들은 과연 모세 세대를 어떤 시각으로 보았는가. 하나님의 영광을 드러낸 세대이면서 동시에 철저한 실패를 경험한 세대. 하나님 말씀에 대한 믿음을 거절한 세대. 과연 여호수아 세대는 그들을 부정했을까? 놀랍게도 그렇지 않았다. 출애굽기 33장 11절에서 볼 수 있듯, 하나님은 여호수아를 모세를 섬기는 자로 소개하신다. 이전 세대를 존중하는 태도와 자세는 하나님의 권위를 인정하는 것과 같다. 하나님이 주시는 믿음 위에 자신의 삶을 건축하는 태도이다. 우리가 이런 태도로 신앙생활할 때 영적인 귀한 자산을 누리는 은혜와 축복을 받게 된다. 새롭게 출발하는 네오바울공동체도 전신인 바울공동체를 통해 하나님이 역사하고 인도하셨던 영적 유산을 존중하고 계승하기로 결정했을 때, 예배와 선교적 성령의 기름부음의 풍성한 역사를 누릴 수 있었다.

학생 엘더들과 함께 기도하면서 성령님이 주신 첫 번째 비전은 잃어버린 영혼을 향해 구원의 통로가 되어 나아가는 것이었다. 하나님은 선교적 공동체에 대한 마음을 품게 하셨다. 그래서 우리는 이 첫 번째 비전을 모든 사역의 우선순위로 정했다. 기존에 바울공동체는 주일이면 예배와 모든 모임을 마치고 서울역과 대학로에서 전도 사역을 했었다. 우리는 이 사역을 이어 나가기로 했다. 매 주일 전심을 다 하여 하나님께 예배드리고, 순별로 모여 말씀을 배우고, 또 삶을 나누고 나면 종로 인사동 거리와 대학로로 나가 찬양하고 선포하며 노방전도를 했다. 또한 여름방학과 겨울방학 때는, 선교지 아웃리치를 통해 지속적으로 성령님이 인도하시는 땅과 나라로 나아가 예배하고 선포하며, 주님을 모르는 영혼들에게 복음을 전하는 단기선교 사역을 섬겼다. 우리는 하나님 나라를 위해 재정은 물론 젊은 날의 삶을 아낌없이 드리기 위해 노력했다. 성령충만함을 입고 주님을 향한 뜨거운 사랑의 열정으로 헌신하는 대학부 네오바울공동체 형제자매의 모습은 '새벽이슬 같은 주의 청년'들 그 자체였다. 분명 주님이 너무나 기뻐하시고 자랑스러워 하셨으리라.

빛의 군대를 일으키시다

사탄 마귀는 밤낮 우리를 참소하지만

어리석은 사람들은 항상 탐욕과 욕심 속에서 자기 손익 계산서를 들여다보며 원망하고 불평하면서 하나님이 행하신 모든 것을 부정하려고 한다. 실수도 많고 때로는 넘어지기도 하는 불완전한 존재가 사람이다. 그러나 하나님은 우리의 마음속 중심을 보신다. 예수님의 십자가 사랑에 감격하고 감동하여 그 사랑을 힘입어 헌신으로 응답하는 자녀들을 기뻐하시며 은혜와 축복을 부어 주신다.

요한계시록에 보면 예수님이 사탄에 대하여 용과 옛 뱀으로 꾀고 유혹하는 자요 고소하고 참소하는 자라고 그 정체를 폭로하신다.

9 큰 용이 내쫓기니 옛 뱀 곧 마귀라고도 하고 사탄이라고도 하며 온 천하를 꾀는 자라 그가 땅으로 내쫓기니 그의 사자들도 그와 함께 내쫓기

니라 10 내가 또 들으니 하늘에 큰 음성이 있어 이르되 이제 우리 하나님의 구원과 능력과 나라와 또 그의 그리스도의 권세가 나타났으니 우리 형제들을 참소하던 자 곧 우리 하나님 앞에서 밤낮 참소하던 자가 쫓겨 났고 계 12:9-10

첫 번째로 예수님은 사탄을 큰 용이라고 말씀하신다. 여기서 말하는 큰 용은 우리가 흔히 생각하는 힘이 세고 입에서 불을 내뿜어 온 세상을 다 태우는 존재가 아니다. 성경에서 말하는 용의 실체는 거짓과 속임수로 영혼들을 죄짓게 하고 하나님에게서 분리시키고 멀어지게 하여 넘어뜨리는 사악한 존재이다. 또 이 사탄을 옛 뱀이라고 폭로하시는데, 이 옛 뱀이 바로 아담과 하와를 거짓으로 꾀어 탐욕에 빠지게 하여 범죄하게 만든 자이다.

두 번째로 예수님은 사탄을 밤낮 참소하던 자라고 말씀하신다. 앞서 말한 것처럼 사탄은 사람들을 속이고 유혹하여 죄짓게 하고 타락시킨다. 이런 사탄은 항상 대학생 형제자매들의 귀한 사랑과 헌신의 마음을 거짓으로 매도하고 깎아내린다. 실수나 잘못이 보이면 참소하고 정죄하여 귀한 헌신의 자리에서 떠나게 만들려고 주야로 힘쓴다. 그러나 하나님은 죄인인 우리를 돌이켜 회개하게 하신다. 우리가 다시 십자가의 의와 사랑으로 회복되어 거룩한 하나님의 군대로 돌이켜 살아가기를 간절히 바라신다.

대학부와 청년부 사역을 마치고 성인 공동체를 맡게 되면서, 러브소나타 타이페이 사역을 준비하며 대만을 방문한 적이 있다. 대만 교회 지도자들과 회의를 마치고, 혼자 시간을 내어서 회은당교회 앞마당을 찾아갔다. 대학부 바울공동체 형제자매들과 함께 땀과 눈물을 흘리던 곳이었다. 보석 같은 바울공동체 형제자매들 모습이 떠올랐고 그리웠다. 그때 성령님이 말씀하셨다.

"나도 그들이 보고 싶다. 나 또한 그때 아무 계산 없이 오직 나를 향한 사랑으로 헌신하던 그들을 보면서 너무나 기쁘고 즐거웠다."

나는 그때 성령님께 말씀드렸다.

"성령님, 귀한 형제자매의 사랑의 헌신을 기뻐하시며 큰 은혜와 축복을 주셔서 감사합니다. 그에 비하면 저는 참 부족하고 지혜 없는 리더였습니다. 그러나 주님, 다시 한번 하나님의 빛의 군대를 일으켜 주세요."

성령님은 다시 말씀하셨다.

"나는 반드시 나의 빛의 군대를 일으킬 것이다. 너는 반드시 다시 그곳에 서게 될 것이다."

엘리야는 선지자 중의 선지자였다. 당시 이스라엘은 국교를 바알 신앙으로 바꾼 상태였고, 엘리야는 그 한복판에서 우상을 섬기는 선지자들과 영적 대결해 승리했다. 그는 하나님과 동행했던 거룩한 사람이었으며, 죽은 자를 살렸을 뿐 아니라, 죽음을 보지 않고 하늘로 올라간 하나님의 사람이었다. 그런 거룩한 자요 놀라운 승리자였던 엘리야도 이세벨 왕후의 위협 한마디에 너무나 무력하게 무너졌다. 그것은 사탄의 참소였다. 아울러 성경은 그의 무너짐이 갈멜산에서 바알과 아세라 선지자들과의 영적 대결에서 놀라운 승리를 경험한 직후, 즉 하나님의 영광과 권세와 능력을 경험한 직후였다는 사실을 보여 준다.

> 17 엘리야는 우리와 성정이 같은 사람이로되 그가 비가 오지 않기를 간절히 기도한즉 삼 년 육 개월 동안 땅에 비가 오지 아니하고 18 다시 기도하니 하늘이 비를 주고 땅이 열매를 맺었느니라 약 5:17-18

17절에서 사용한 '성정'은 원어로 '호모이오파데이스(ὁμοιοπαθής)'인데, '비슷한 느낌, 비슷한 열정, 비슷한 약점을 가진'이란 의미이다. 엘리야가 보여 준 기적은 그의 기도를 통해 일어났다. 우리와 동일하게 약점과 한계를 지닌 엘리야지만, 그의 기도를 통해 하나님이 기적을 행하신 것이다.

이처럼 누구라도 만물의 주관자, 만왕의 왕, 내 인생의 주관자이신 하나님을 바라보는 자는 어떤 기적도 보게 될 것이다. 그러나 누구라도 하나님에게서 시선을 돌리는 자는 순식간에 무너지고 깊은 영적 침체에 빠질 수 있다는 것이다. 하나님은 엘리야를 통해서 우리에게 이 같은 사실을 보여 주신다.

나 또한 이러한 영적 침체를 경험한 적이 있다. 너무도 놀라운 은혜와 축복, 주님의 권세와 능력의 역사를 경험했지만, 탐욕과 정욕, 거짓으로 깊은 영적 침체에 빠져 좌절과 포기를 선택하려고 한 적이 많았다. 그때마다 주님은 책망하고 위로하시며, 이제 그만 스스로 머리 된 자리에서 내려와 주님을 나의 머리 삼으라고 명령하셨다. 다시금 주님을 의지하는 믿음으로 순종하며 나를 불러 세우신 소명과 사명의 길을 계속해서 걸으라고 말씀하셨다.

사탄은 끊임없이 우리를 위협하여 두렵게 하고, 연약함과 죄를 정죄하고 저주에 묶어 버리려고 시도한다. 그러나 주님은 이미 십자가에서 나의 모든 죄와 저주를 다 해결하셨다. 이로써 주님께 돌이켜 나아와 회개하는 자를 회복시키시고, 믿음을 주시고, 자유케 하시며, 하나님의 거룩과 영광을 드러내는 승리를 주신다. 누구도 스스로 거룩한 자가 없다. 스스로 이기는 자도 없다. 거룩하신 주님의 이름, 사랑의 권세와 능력이신 그 이름을 부르는 자는 주님이 명령하신 거룩을 체험할 것이다. 또한 사랑의 권세와 능력이 부족한 나를 통해 역사하시는 하나님 나라의 역사를 경험할 것이다.

성령께서는 자신의 죄와 허물 그리고 인간적인 한계 속에서 실망하고 좌절하여 과거의 추억만을 곱씹으려는 내게 믿음으로 주님을 바라보라는 강력한 믿음의 도전을 주셨다. 나의 의, 소유, 능력이 아니라 오직 주님을 머리 삼은 믿음으로, 날마다 주님을 부르며 거룩과 사랑의 권세와 능력으로 주님과 함께 걷게 하셨다.

지금도 미국과 일본, 한국의 거리에서 믿음과 순종의 발걸음을 내딛고 또 내딛는 것은 주님이 주신 믿음으로 사탄의 정죄와 비난을 이겨 내며 순종의 결단과 헌신을 드리기 때문이다. 끝날 때까지 끝난 게 아니라는 말이 있다. 우리는 호흡이 멈추는 그날까지 주님 주신 믿음으로 순종의 발걸음을 내디뎌야 한다. 주님께 거룩한 자요 주님의 사랑과 권세와 능력을 드러내는 통로로 살아가게 하시는 은혜와 축복을 누려야 한다.

우리 생각을 뛰어넘는 하나님

새로운 바울공동체에 성령님이 주신 두 번째 비전은, 전심으로 하나님만 바라보고 사랑하며 모든 것을 돌파하라는 것이었다. 성령님은 새롭게 출발하는 공동체가 무엇보다 먼저 다 함께 모여 하나님을 경외하여 엎드려 경배하고 예배하며 나아가기를 원하셨다. 그래서 우리는 영락기도원에서 첫 번째 산상 기도집회를 열기로 했다. 강사로는 워십댄스 사역자 김지형 자매를 초청했다.

이 시간을 통해 하나님은 상하고 찢긴 우리의 마음을 만지고 치유하셨다. 하나님은 우리의 연약함과 부족함이 오히려 하나님을 온전히 신뢰하는 믿음의 통로가 된다는 사실을, 그럴 때에 우리의 공동체가 모든 상황을 뚫고 거룩하고 강력한 하나님의 빛의 공동체로 세워질 수 있음을 깨닫게 하셨다.

하나님은 우리가 다윗의 '아둘람공동체'의 비전을 고백하게 하셨다. 사울의 군대에 비하면 보잘것없던 사람들이 모인 곳, 그러나 그들은 어둠과 고통 가운데 현실을 억누르는 두려움을 벗어던지고 하나님을 기뻐하고 언약의 말씀을 붙들었다. 하나님이 우리에게 바라시는 믿음 또한 이런 것이라고 확신했다. 하나님을 기뻐하고 쉬지 않고 기도하며 믿음의 확신과 거침없는 도전으로 하나 될 때 하나님은 우리의 모든 현실의 막힌 담을 허무시고 돌파할 것이라 믿어 의심치 않았다.

새로운 바울공동체가 실시한 두 번째 사역은 봉천동의 먹골 지역 아동들을 섬기는 일이었다. 이곳은 오래전부터 도시 빈민 사역이 활발하게 진행되었던 곳이다. 그런 곳에 바울공동체 학생들과 함께 일일 아웃리치를 실시했다. 성령님에 내게 주신 감동은, 더는 대학생이 자기중심적이고 이기적인 무리가 아니라 민족과 열방을 위해 헌신하는 주체로 세워지고 훈련받는 것이었다. 성령충만한 예수의 청년들로서 하나님 나라의 통로로 쓰임받는 것이었다. 삶으로 예배하고 기도하고 전도하고 선교하는 기독 대학생! 지성 사회 복음화를 이루는 기독 대학생! 부와 가난이라는 계층과 사상과 세대를 뛰어넘는, 하나님 나라를 살아가는 기독 대학생으로 바울공동체가 세워지길 소망했다.

대학부 바울공동체가 예배당과 거리에서 예배하고 주님의 이름을 선포할 때마다 주님의 강력한 임재가 부어짐을 느낄 수 있었다. 그렇게 3개월이 지났고, 400여 명이 넘게 바울공동체로 모였다. 우리가 함께 모여 예배하고 찬양하며 말씀을 나누고 한목소리로 간절히 부르짖을 때, 곳곳에서 성령님이 역사하셔서 방언이 터지고 주님의 음성을 듣고 환상을 보는 역사가 일어났다. 살아 계신 주님의 임재를 경험하는 것이 가장 큰 기쁨이었고, 또 사모함이 되었다.

이런 예배에서의 은혜는 매 주일예배 후 서울 중심가로 나아가 복음을 전도하는 사역과 여름과 겨울 방학 때, 해외 도시 선교 사역의 비전과 헌신으로 연결되었다. 첫 번째 겨울 해외 아웃리치를 위해 기도하던 중에, 성령님이 "대만을 기억하라"(Remember Taiwan)라는 말씀을 주셨다.

사실 내게는 대만을 향한 특별한 마음이 있었다. 대학부가 나뉘기 직전 우연히 대만과 중국 본토 단기선교팀의 리더 교역자로 인솔하게 되었다. 처음 간 대만의 거리와 캠퍼스 곳곳에서 노방전도를 하고 지역 교회를 빌려서 초청 전도집회를 열어 복음을 전했다. 전도 중에 주님이 만나게 하시는 영혼들에게 복음을 전하고 기도해 주었다. 그러던 중 강하게 떠오른 문구가 있었다.

'어쩌면 이것이 그들을 위한 마지막 기회일지 모른다!'

하나님이 만나게 하신 영혼들을 향한 마음이 더욱 간절해졌다. 10일간의 단기선교 내내 나는 그들에게 눈물로 복음을 전했다. 그런데 선교를 마치고 비행기를 타고 돌아온 다음 날 아침에 놀라운 뉴스 속보를 들었다.

"대만 타이페이 일대 강진! 건물 쓰러지고 사망자 실종자 다수!"

만났던 영혼들의 모습이 필름처럼 눈앞에 스쳐 지나갔다. 통곡하며 기도를 드렸다. 그런데 6개월 뒤에 대학부가 나뉘고, 부족한 나를 주님이 대학부 담당으로 세우셨고, 아웃리치를 놓고 기도할 때, 성령님이 "대만으로 가라"는 말씀을 주신 것이다.

사실 당시 온누리교회 대부분의 선교 사역은 중국을 중심으로 하고 있었다. 그러던 중에 대만 아웃리치를 진행한다는 것은 신입 교역자에게 여러 가지로 부담스러운 상황이었다. 내가 머뭇거리자 한 학생 리더가 내게 말했다.

"전도사님, 지난주 전도사님이 설교하신 사도행전 4장 19-20절 말씀처럼, 하나님의 말씀을 듣고 순종하는 것이 가장 우리가 고려할 최고의 우선순위가 아닙니까? 사도들의 고백처럼 성령님을 통해 '보고 들은 것'을 전하고 순종하는 것이 마땅하지 않습니까?"

정말 할 말이 없었다. 상황과 조건을 보면 이해가 되지 않지만 성령님이 말씀하신 것이라면 다 믿음으로 순종해야 했다. 그럴 때 하나님의 뜻이 이루어진다는 것을 우리는 성경 속 무수한 이야기를 통해 알고 있다. 나는 마침내 대만 사역을 결단하고 리더들에게 나누었다. 그리고 다 같이 결단하고 헌신하자고 권면했다.

감사하게도 100여 명의 바울공동체 형제자매가 참여해 주어 그들과 대만으로 겨울방학 아웃리치를 떠나게 되었다. 사실 대만 선교는 현지 어디에서의 초청도, 환영하는 곳도 없었다. 그런 상황에서 나는 단기선교 때 인연이 되었던 오 선교사님에게 연락을 드려 대만 침례교 신학교 숙소를 예약했다. 마침내 떠난 대만에서 이미 주님이 우리에게 필요한 사람과 환경을 놀랍게 예비해 놓으셨다는 사실을 깨달았다. 생각지 못한 어려움들도 있었지만, 그 가운데 성령님의 분명한 인도하심을 경험했다.

예비하신 만남

우리는 침례교 신학교의 오래되어 폐쇄된 기숙사를 숙소로 사용하면서 첫날부터 이상한 벌레에 물려 여러 형제자매의 피부가 퉁퉁 붓는 예상치 못한 사건을 맞았다.

이때 우연히 침례교 신학교 내 다른 숙소에 머물던 고중달 선교사님을 만났다. 고 선교사님은 대만에서 사역하고 있었는데, 어린 학생들이 고생하는 것을 안타깝게 여기고 자원하여 여러 가지 도움을 주었다. 그는 주님의 선한 마음을 품고 요셉과 같이 주님께 쓰임받는 귀한 분이었다. 이 만남을 통해 고 선교사님은 온누리교회 선교사로 합류하게 되었고, 이후에 '아버지학교'와도 연결되었다. 지금까지 쌓아 온 화교 네트워크를 활용해 대만을 넘어 전 세계 화교 문화권에 아버지학교 사역으로 복음을 전함으로써 주님의 몸을 든든하게 세워 가는 데 귀하게 쓰임받고 있다.

우리가 회은당교회와 연결될 수 있었던 것 또한 고 선교사님 덕분이었다. 당시 고 선교사님은 회은당교회에서 사역하고 있었다. 회은당교회는 타이완 국립대학교 앞에 위치하고 있는, 아주 보수적인 남침례교단의 교회이다. 게다가 나름의 역사도 있는 교회여서 예배 형식도 아주 보수적이고 전통적이다. 이런 교회에서 우리가 묵고 동역하게 된 것이다.

이런 주님의 반전 뒤에는 주님의 마음을 품고 교회와 잃어버린 영혼에 대한 열정을 품은 또 한 분의 하나님의 사람이 있었다. 교회의 어려운 상황 속에서 교회를 지키며 기도하던 왕 전도사님이 숨은 연결고리 역할을 했다. 왕 전도사님은 평신도로서 핵심 집사의 역할을 하다가 교역자로 헌신하게 된 분이다. 이분이 우리와 예배드리던 중 성령께 감동되어 전도와 선교에 헌신하여 집중하는 바울 공동체와 회은당교회의 연결고리 역할을 하게 된 것이다. 왕 전도사님은 아무런 연고도 없이 오직 성령님의 인도하심에 순종하여 여름방학을 주님께 드려 대만을 찾아온 바울공동체 청년들을 전폭적으로 지지하고 동참해 주었다.

이 모든 일은 성령님이 왕 전도사님의 마음에 감동과 확신을 주셨기에 가능했던 일이다. 너무나 파격적이고 기적 같은 동역과 지원을 받게 된 것에 감사했다. 나는 어느 날 왕 전도사님에게 어떻게 이렇게 바울공동체 대만 단기선교팀을 환대해 주고 동역해 주었는지 물어 보았다. 왕 전도사님은 눈시울을 붉히며 말했다.

장개석 총통을 기도해 줄 정도로 대만 내에서 영향력이 있게 성장했던 회은당교회가 언제부터인가 영적 침체와 어려움을 겪는 것을 보며, 교회의 리더로서 오랫동안 회은당교회의 영적인 회복과 선교적인 돌파구를 위해 기도해 왔다고 했다. 기도의 응답으로 주님의 빛이 회은당교회에 비추는 것을 보았는데, 그 후 바울공동체 단기선교팀의 소식을 들었을 때 성령님이 주신 기도 응답임을 확신했다는 것이다. 함께 예배드리고 노방에서 전도하면서 이 확신을 굳히게 되었고, 그길로 왕 전도사님은 외부 사역에 폐쇄적이었던 회은당교회 리더십들을 설득해 주었다. 그렇게 타이페이 중심에 위치한 회은당교회가 바울공동체 단기선교의 거점이 되도록 연결해 주었던 것이다.

성령님은 교회 리더십들의 마음도 움직여 주셔서 전례 없이 예산을 편성하는 등, 여러 지원을 아끼지 않는 일이 일어났다. 그리고 교회 내에 여러 리더십과 성도가 함께 단기선교 사역에 동참하는 길도 열어 주셨다. 오직 성령님의 인도하심에 순종하며 나아간 바울공동체 대만 단기선교는 이렇게 사역의 길이 열리기 시작했다.

교회는 우리에게 아무런 대가도 받지 않고 교회 건물 전체를 마음껏 사용하도록 열어 주었다. 거기다 예배 때 드럼 연주도 허락해 주었다. 회은당교회가 국립대학교 앞인 데다가 젊은이의 거리인 공관 지역에 위치하고 있는 것도 도움이 되었다. 이전에는 도심 선교 사역을 위해 버스를 두 번이나 갈아타고 한 시간 가량 이동해야 했지만, 이 같은 어려움도 해결되었다.

무엇보다 이 회은당교회에 바울공동체 선교팀이 동역자로 함께할 수 있었던 것은 주님의 특별한 인도하심이었다. 마침 이 교회가 여러 해 동안 내부 분쟁이 있었는데, 우리의 방문이 여러 성도에게 큰 위로와 감동과 도전이 되었다.

그 이후로 회은당교회를 중심으로 타이페이와 근처 도시에서의 전도 사역과 저녁 전도초청집회 사역이 활발하게 진행되었고, 대만의 다양한 교회와 네트워크가 연결되어서, 온누리교회 선교 사역과 CGN TV(현 CGN) 그리고 러브소나타로 이어지게 되었다.

I never forget Taiwan

사도행전을 이끄셨던 성령님은 2천 년이 지난 지금도 우리의 짧은 견해와 편견을 넘어서는 놀라운 전략과 계획으로 인도하고 역사하신다. 사도행전을 보면 성령께서 이끄시는 하나님 나라의 선교 역사 속에서 사도 바울과 예수님의 제자들은 성령님의 인도를 받아 예비된 영혼들을 만난다. 마찬가지로 성령님의 음성에 순종하여 결단하고 헌신하며 나아갈 때, 우리는 모든 것을 계획하고 준비하고 인도하시는 놀랍고 섬세한 주님의 손길을 계속해서 경험할 수 있었다.

아웃리치 동안 우리는 매일 새벽에 일어나 결단과 헌신의 예배로 하루를 시작했다. 그리고 오전과 오후에는 높은 온도와 습도 속에서도 거리에서 쉼 없이 전도했다. 점심도 거리에서 먹었다. 저녁에는 전도초청집회와 저녁 기도 모임을 10일 동안 진행했다. 이 과정에서 성령님은 천하보다 더 귀한 영혼들을 만나게 하셨고, 그들이 예수님의 십자가 사랑의 복음을 듣는 역사를 일으키셨다. 우리는 이 과정에서 복음에 목말라하던 수많은 동역자를 만났다. 그리고 그들과 서로 위로하며 하나님 나라를 꿈꾸고 헌신할 힘을 얻었다. 대학부 바울공동체의 이 귀한 헌신과 순종을 통해 성령님은 영혼 구원은 물론 교회의 성도들에게 하나님의 비전과 꿈을 회복하고 하나님 나라와 예수님의 복음에 대한 잃어버린 열정을 살리시는 열매를 허락하셨다.

무엇보다 성령님은 그 시간 우리의 헌신들을 아무 의미 없이 사라지지 않게 하셨다. 전염병 사스로 아무도 대만 땅을 찾지 않을 때도, 중국과의 정치적인 이해관계로 대만이 전 세계에서 외면받을 때도, 성령님은 "나는 절대 대만을 잊지 않았다, 나는 대만을 언제나 기억한다(I never forget Taiwan, I remember Taiwan)"고 하셨다. 그리고 그 음성에 순종하여 우리를 나아가게 하셨다.

우리는 미처 몰랐지만, 7년 뒤 대만의 교회 지도자들이 온누리 교회 사역 축제에 참여하여 은혜와 비전을 받게 되는 일이 있었다. 그리고 이 일은 '러브소나타 타이베이'로 연결되었다. 그 과정은 이랬다. 성령님이 하용조 목사님에게 일본 선교의 비전을 주셔서 온누리교회와 일본 교회가 연합하여 '러브소나타 일본'이 시작되었다. 나는 기획팀에서 영상과 중보기도로 사역에 동참했다. 그러던 중 '러브소타나 도쿄'와 함께 '한일 크리스천 리더십' 모임이 진행되었다. 나는 그 모임의 현장 전체 진행을 맡았다. 사실 처음부터 내가 맡아 진행한 것은 아니고, 원래 하기로 하셨던 분이 사정이 생겨 내가 중간에 들어가게 된 것이다. 그런데 얼마 후 타이베이에서 열리는 대만 기독교 CEO들의 식사 초대를 받았다. 모두 국제적으로 비즈니스를 하는 분들이었다. 나는 그 자리에 모인 CEO들을 '러브소타나 도쿄'에 초대했다. 감사하게도 모두 참석 의사를 밝혀 주었다. 온누리교회에서도 이 일을 허락해 주었다. 그 결과 도쿄에서 '한일 크리스천 리더십' 모임으로 계획했던 일이 '한중일 크리스천 리더십' 모임이 되었다.

이 모임에서 대만 기독교 CEO들은 큰 감동을 받았다. 그리고 그들은 대만에서도 러브소나타가 열리기를 바라는 마음으로 물심양면으로 헌신했다. 그 결과 '러브소나타 타이베이'가 열리게 된 것이다. 이로써 대만 교회 지도자들과 온누리교회 협력 사역이 계속 이어졌다. 이 일은 대만 교회 전체에 선한 영향력을 끼쳤다. 이 모두가 성령님이 이끌어 주신 일이었다. 성령님은 미숙한 전도사와 어리지만 순전한 대학부 바울공동체 형제자매들의 순종의 헌신을 들어 쓰셔서 이런 열매를 맺게 하셨다.

8 이는 내 생각이 너희의 생각과 다르며 내 길은 너희의 길과 다름이니라

여호와의 말씀이니라 **9** 이는 하늘이 땅보다 높음 같이 내 길은 너희의 길
보다 높으며 내 생각은 너희의 생각보다 높음이니라 **사 55:8-9**

하나님의 생각은 사람의 생각과 다르다. 하나님의 길과 방법은
사람의 것과 비교할 수 없다. 그분의 생각과 일하심은 높고 위대하
시다. 그래서 예수님은 십자가 구원을 완성하신 후에 재림 때까지
하나님 나라의 사역을 감당해야 하는 교회와 성도를 위해 이렇게
말씀하셨다.

26 보혜사 곧 아버지께서 내 이름으로 보내실 성령 그가 너희에게 모든
것을 가르치고 내가 너희에게 말한 모든 것을 생각나게 하리라 **27** 평안
을 너희에게 끼치노니 곧 나의 평안을 너희에게 주노라 내가 너희에게
주는 것은 세상이 주는 것과 같지 아니하니라 너희는 마음에 근심하지도
말고 두려워하지도 말라 **요 14:26-27**

예수님은 하나님이 우리에게 주시는 것은 세상이 주는 것과 같
지 않다고 말씀하신다. 하나님의 생각과 방법은 세상의 것과 다르
다. 그래서 예수님이 가시면서 우리를 위해 성령께서 오셨다. 이 성
령님은 보혜사이시다. '헬퍼(helper)'와 '카운슬러(counselor)'이시다.
우리를 도와주고 돌봐 주시기 위해 성령님이 우리 안에 들어와 함
께 영원히 사신다.

어떻게 도와주고 돌봐 주시는가. '모든 것을 생각나게' 하시고,
'하나님을 말씀을 생각나게' 하심으로 도와주고 돌봐 주신다. 이 말

씀을 우리가 잊지 않고 꼭 붙들어 마음에 지킬 때 보혜사 성령님의 역사를 통해 열매 맺게 하신다. 바울공동체가 성령님께 묻고 듣고 순종하여 발걸음을 옮겼을 때, 열매를 맺게 하신 것처럼 말이다.

일본에 하나님 나라가 임하리라!

대만 아웃리치를 끝내고 돌아오는 길에, 성령님이 하신 말씀에 너무나 당황했다.

"일본에 아웃리치를 가라!"

겨울방학도 다 끝나 가는 시점이었다. 보통 아웃리치는 몇 달 전부터 준비하는데, 우리에게 남은 시간은 고작 일주일이었다. 이 시점에 새로운 아웃리치를 준비한다는 것은 이해하기 어려운 상황이었다.

그러나 순종하는 마음으로 학생 리더들에게 이 일을 이야기하고, 주일예배 시간에 광고했다. 40여 명의 형제자매가 자원해 주었다. 그뿐만 아니라 우리가 머물 숙소도 일사천리로 정해졌다. 후쿠오카 온누리교회의 한 권사님이 외곽에 료칸을 운영하고 계신다는 소식을 듣고 급하게 연결한 것이었다. 우리는 온누리교회에서 서울역 노숙자분들에게 점심을 제공하는 '예수 향기회 버스'로 부산까지 내려가서 고속 여객선을 타고 3박 4일의 일정으로 후쿠오카로 건너갔다.

후쿠오카 항구에서 시내에 도착했을 때, 낯선 선교사님 세 분이 우리를 기다리고 있었다. 그들은 자신들을 어느 대학생 선교단체 소속이라고 소개했다. 그러면서 기도 중에 성령님이 온누리교회 대학부 학생들을 보내겠다 말씀하셨고, 내 이름까지 알려 주셨다고 했다. 그래서 후쿠오카 온누리교회 권사님에게 연락해 우리가 도착하는 시간을 알아봐서 나오게 되었다고 자초지종을 설명해 주었다.

나중에 들은 이야기인데, 이들이 소속되어 있는 선교단체는 성령의 은사를 터부시하던 곳이었다. 그래서 선교사님들도 성령 사역이나 성령의 인도에 대해 닫힌 마음을 갖고 있었다고 했다. 그런데 일본 캠퍼스 사역 간사로 파송을 받아서 사역하다 보니 너무나 전도가 되지 않고 힘들었단다. 그러던 중 함께 모여 합심하여 기도하는 중에 성령 체험을 하게 되었고, 음성도 들었다고 했다. 그때부터 마음에 힘을 얻어 선교 사역을 힘차게 감당하게 되었다고 고백했다.

어쨌든 이 신비한 사건은 다시 한번 우리가 빠듯한 일정을 뚫고 일본에 오게 된 것이 성령님의 이끄심이라는 사실을 확인해 주었다. 이후 숙소에서 아침과 밤에 예배드리고 하루 종일 후쿠오카 시내를 다니며 일본 영혼들에게 복음을 전했다. 전도지를 드리고 그 땅을 밟으며 축복하며 기도하는 시간마다 기쁨과 감사가 넘쳤다.

이렇게 시작된 일본 사역은 다음 여름 아웃리치 때 놀라운 일정으로 연결되었다. 여름 아웃리치 일정을 놓고 학생 리더들과 함께 성령님께 물으며 기도하는 가운데, '조선 통신사'와 같이 '복음 통신사'로 일본 열도를 횡단하면 좋겠다는 아이디어를 주셨다. 여러 가지로 알아보며 기도하는데, 후쿠오카에서 시작해 삿포로로 이어지는 왕복 신칸센 열차를 알게 됐다. 그걸 타고 열차가 정차하는 일본의 주요 도시마다 기도하며 선포하는 일본 아웃리치를 기획하게 되었다. 100여 명의 대학부 바울공동체 형제자매들이 자원하여 헌신해 주었고, 우리는 뜨거운 여름에 일본 열도를 횡단했다.

후쿠오카에 도착하여 첫날 일정을 마치고 리더들과 밤에 모여 간단한 점검과 회의 그리고 기도회를 가졌다. 학기 내내 온누리교회 내 여러 사역으로 피곤했던 나는 기도 모임을 간단하게 끝내려고 생각했다. 그런데 그 모임에 성령께서 강력하게 임재하셨다. 학생 리더들과 함께 밤을 온전히 새워 기도하게 되었다. 우리는 시간 가는 줄 모르고 피곤도 잊은 채 철야로 기도했다. 너무나 신기했다. 창밖이 밝아오는 것을 보면서 나와 리더들은 넘치는 기쁨과 감사를 만끽했다.

한 자매는 기도하는 중에 성령님이 우리가 빛이 되어 일본 열도를 횡단하는 모습을 보여 주셨다며 기뻐했다. 나중에 신칸센 열차를 타고 출발하려는데, 자매가 기쁨과 놀라움의 얼굴을 하고 내게 달려왔다. 일본 신칸센 열차에는 차마다 고유한 이름이 붙어 있었는데, 알고보니 우리가 탄 차의 이름이 '히카리'였던 것이다. '히카리'는 일본어로 '빛'이라는 뜻이다. 성령님은 여러 가지 재미있고 신기한 일들로 우리의 믿음을 굳건하게 붙잡아 주시며 아웃리치 일정을 인도하셨다.

우리는 정차하는 주요 도시마다 줄을 서서 내려 역 광장으로 나갔다. 그곳에서 함께 찬양을 드리고, 성가대와 워십댄스 팀이 주님께 영광을 올려 드렸다. 그리고 도시를 향해 축복하고 선포하며 기도했다. 그때마다 성령께서 동일하게 선포하게 하신 내용이 있었다. "이 도시와 땅을 축복하소서, 예수님의 교회를 세우소서, 하나님 나라가 임하리라!"라는 기도였다. 그런데 놀랍게도 이 선포의 기도가 우리 눈앞에서 이루어졌다. 우리의 아웃리치가 끝난 뒤에 성령님은 놀라운 일들을 시작하셨다. 온누리교회가 일본에 온누리 비전교회를 개척하기 시작한 것이다.

하용조 목사님은 몸이 아프신 중에 요양차 가신 일본에서 성령님의 음성을 들으시고 일본 선교의 비전을 보셨다. 그리고 그 비전과 꿈을 품고 순종하셨다. 또한 온누리교회 모든 리더십과 성도도 함께 하나님의 일본 사역에 동참해 주었다. 온누리교회의 일본 선교 프로젝트는 그렇게 시작되었다. 성령님의 인도하심 가운데 교회를 개척하게 되었고, 주요 도시에서 문화전도집회인 '러브소타나'를 개최하게 된 것이다.

6

chapter

도심 한복판, 교회가 되다

이 시대에 푯대가 되는 교회

하용조 목사님은 예수님의 몸 된 교회에 대한 분명한 비전이 있으셨다. 어제나 오늘이나 영원토록 동일하신 하나님이 2천 년 전에 세우신 '바로 그 교회'는 오늘날에도 세워질 수 있다는 것, '바로 그 교회'는 예수님이 세우셨고, 세우시고, 세워 가시는 교회라는 것, '바로 그 교회'야말로 우리가 가야 할 방향이라는 것이다.

20대 후반의 내 마음속에 예수님이 세워 가실 '바로 그 교회'를 향한 비전이 불처럼 타올랐다. 절망의 시대, 정치도 경제도 교육도 대안이 될 수 없음을 절감하는 시대가 아닌가. 하용조 목사님은 이런 때에 유일한 대안은 예수 그리스도뿐이심을, 예수님이 머리 되신 교회, 예수님의 몸 된 교회가 절망의 시대에 유일한 소망과 희망임을 늘 강조하셨다.

많은 현대인이 교회에 실망하고 있다. 지금 교회는 스스로 자괴감에 빠지고 결국 예수님마저 잃어버리고 있다. 이런 때일수록 다시금 예수님을 향해, 예수님의 몸 된 교회를 향해 믿음을 회복해야 한다. 주어진 인생과 시대에 길 잃고 방황하지 않고 믿음으로 이기고 승리하는 길을 걸어가야 한다. 그래야 이 시대에 교회가 푯대가 될 수 있다.

사탄은 사람과 세상을 유혹하여 죄짓게 하여 넘어뜨린다. 넘어진 사람과 세상을 정죄하여 영원히 하나님과 떨어뜨려 놓으려고 끊임없이 다가온다. 성도는 거룩을 잃어버리고 은혜를 저버리고 두려움을 감추고 자기 교만과 자기 의에 사로잡혀서 사탄의 조리돌림에 휘말려선 안 된다. 내 죄 때문에 대신 죽으신 예수님을 믿고 하나님 나라를 꿈꾸며 이기고 또 이기는 교회로 바로 서야 한다. 성도의 삶에 목마르고 굶주린 이 시대에 다시금 '바로 그 교회'의 꿈과 비전을 회복해야 한다.

도심의 한복판에서 외친 하나님

일본 아웃리치를 마치고 돌아온 여름의 끝에, 성령님은 또 하나의 새로운 길로 대학부 바울공동체를 인도하기 시작하셨다. 성령님은 평소에 대학부 학생 리더들을 중심으로 인도하던 금요철야 기도회를 직접 인도하라는 마음을 주셨다. 순종하여 기도회를 인도하러 갔는데, 하나님은 생각지도 못한 말씀을 하셨다. 교회 안에서 기도하지 말고, 금요일 밤에 강남역 거리에 나가서 기도하라는 것이었다.

너무나 생소한 일이었지만, 우리는 함께 강남역 거리로 나갔다. 금요일 밤 거리는 술과 유흥으로 북적거렸다. 그 거리를 지나 뒤편 공원에 모여 함께 기도를 시작했다. 처음에는 무엇을 위해 기도해야 할지조차 막막해서 성령께 물었다. 그러자 성령님은 금요일 밤 거리에서 방황하는 영혼들을 향한 주님의 안타까운 마음을 알게 하셨다. 그들을 간절히 찾고 부르고 원하시는 주님의 마음을 부어 주셨다. 그러자 막막하고 낯설었던 기도의 분위기가 점차 뜨거운 눈물과 열정의 기도로 바뀌기 시작했다.

"주님, 주님을 모르고 그 곁을 떠나서 밤거리를 헤매고 방황하는 영혼들이 예수님에게로 돌아오게 하옵소서. 이 영혼들이 복음을 듣게 하옵소서. 구원과 생명의 역사를 일으키시옵소서!"

성령께서는 세상과 분리된 교회 예배당 안에서만 부르짖던 우리 기도의 지경을 넓히셨다. 거리의 영혼들을 보게 하시고 그 영혼들을 향해 구체적이고 간절하게 중보기도하게 하셨다. 한 영혼을 찾아가 복음을 전하는 비전과 열정이 불같이 일어나게 하셨다.

그런데 그때 사탄 마귀가 분노하고 조롱하는 소리를 들었다.

"밝은 낮은 너희의 것이고 어두운 밤은 나의 것인데 왜 이 거리에 나와서 이 밤에 기도하는가!"

주님은 다음 날 큐티 말씀을 통해 사탄 마귀의 분노와 조롱의 소리에 대한 명확한 답을 주셨다.

이 밤은 그들을 애굽 땅에서 인도하여 내심으로 말미암아 여호와 앞에

지킬 것이니 이는 여호와의 밤이라 이스라엘 자손이 다 대대로 지킬 것
이니라 출 12:42

하나님은 이스라엘 백성을 이집트의 노예에서 해방시키고 구원
하길 원하셨다. 그래서 '그 밤'에 그들을 애굽 땅에서 인도해 내셨
다. 하나님은 그들이 구원받은 '여호와의 밤'을 기억하라고 명령하
셨다. 하나님은 이 말씀을 지금의 우리에게도 하신다. 모든 주님의
자녀와 백성이 구원받기를 바라시며 '그 밤'에 그들을 부르신다. 그
래서 예수님이 다시 오시는 날까지 이 구원의 사건이 계속해서 이
루어져 '여호와의 밤'이 계속되기를 원하신다. 하나님의 자녀와 백
성에게 '여호와의 밤'을 기억하라 명령하신다.

세상을 정죄하고 무시하며 담을 쌓는 분리주의는 하나님이 바
라시는 뜻이 아니다. 세상을 비관하고 포기하며 좌절하는 패배주
의에 빠지는 것 또한 하나님의 뜻이 아니다. 하나님은 우리에게 '사
탄의 밤'이 아니라 '여호와의 밤'의 은혜와 권세와 능력을 믿음으로
붙들고 순종함으로 취하라 하신다.

그래서 우리는 매주 금요일 밤에 '여호와의 밤'을 위한 철야 기
도회를 시작했다. 세상 속으로 들어가 하나님의 나라를 선포하고
잃어버린 영혼들을 구원하는 새로운 여정으로의 비전을 믿음으로
붙들었다. 성령님은 이 비전에 이름을 붙여 주셨다.

'비전 인투 더 시티(Vision Into The City)!'

그리고 이 비전은 다음 단계로 나아가게 했다. 매일 도시의 중심

에서 새벽예배를 드리며 하루를 여는 꿈을 꾸게 하신 것이다. 몇 달의 기도와 시도 끝에, 종로2가 한복판에 있는 4층짜리 버거킹 매장에서 새벽예배를 시작하게 되었다. 놀라운 것은 그 매장의 점장이 교회에 다니는 분도 아닌데, 우리의 제안을 듣고 매장 오픈 전 1시간 동안 매장에서 예배드리는 것을 허락해 준 것이다. 덕분에 온누리교회 대학부 바울공동체 형제자매들은 월요일부터 토요일까지, 도심 한복판에 모여서 새벽예배로 도시의 아침을 주님께 올려 드리며 하루를 시작하게 되었다. 이 도심 새벽 예배의 이름은 '지저스 킹(Jesus King) 도심 새벽예배'였다.

우리는 매일 새벽 예수님이 왕이심을 선포했다. 주님을 찬양하고 도시와 도시에 있는 영혼들을 축복하며 구원의 생명 역사를 위해 기도했다. 이렇게 한 학기 동안 예배를 드리고 나자 성령님은 또 새로운 마음을 주셨다. 바울공동체의 주일예배를 도심에 나와서 드리라고 말씀하셨다. 나는 너무나 놀랐다. 모든 주일예배는 교회 예배당에서 드리는 것이 상식인데, 도심에 나와서 '지저스 킹 도심 새벽예배'처럼 주일예배를 드리라는 것이 잘 이해가 되지 않았다. 교회에서 이런 생소한 제안을 받아들일 리가 없다는 생각에, '주님이 이제 내게 온누리교회를 떠나서 새로 개척을 하라고 말씀하시는 것인가'라는 생각까지 들었다.

그 무렵 하용조 목사님이 온누리교회 전체 비전으로 'ACTS 29'를 선포하셨다. 이 'ACTS 29'는 세상을 변화시키는 불멸의 교회가 되자는 선포였다. 이후 온누리교회는 CGNTV를 개국하고 전 세계

선교지에 인터넷과 위성방송을 통해 복음을 전하고 제자 훈련과 교회를 지원하는 선교 사역을 시작했다. 또한 국내와 해외에 캠퍼스 교회와 비전교회를 통해서 안디옥교회와 같은 선교 거점을 세우고 복음의 전초기지로서의 사명을 감당하는 기초를 놓게 되었다.

나는 당시 대학청년연합 '더 캠프(The Camp)'의 본부장이었던 박종렬 목사님을 찾아갔다. 박종렬 목사님은 이 시기에 CGNTV 개국과 일본 문화전도집회 '러브소나타'는 물론, 'ACTS 29'의 견인차 역할을 하고 있었다. 나는 박종렬 목사님에게 지금까지 바울공동체가 도심에서 새벽예배를 드리고 있는데, 아예 주일예배를 도심에서 드리면 어떨까 조심스럽게 여쭈었다. 감사하게도 박종렬 목사님은 '비전 인투 더 시티'의 비전과 온누리교회의 'ACTS 29'의 비전이 연결되도록 다리 역할을 해주었다.

하루는 박종렬 목사님을 통해서 하용조 목사님이 나를 부르셨다.

"자네 도심에 나가서 대학부 주일예배를 드린다고?"

"네, 목사님."

"그 비전을 들을 때 내 마음에 큰 감동이 왔어. 그 비전은 성령님이 주신 것 같아."

그리고 하용조 목사님은 생각지도 못한 말씀을 하셨다.

"자네 내가 어떻게 일본에 비전교회를 세우고 있는 줄 알아?"

"……?"

"성령님이 내게 말씀하시고 비전을 주시면, 내가 '아멘' 하고 믿음으로 받아서 순종해. 그러면 성령님이 사람도 보내시고 재정도 보내 주셔! 자네의 비전도 성령님이 주신 거니까 믿음으로 해!"

나는 순간 당황했다. 나는 이 비전이 하나님의 비전이 맞으면 이제 교회에서 필요한 것을 다 지원해 주고 도와줄 것이라고 생각했다. 그런데 하용조 목사님이 하나님의 비전이니까 믿음으로 하라는 말씀에 당황한 것이다.

물론 지금은 그날 하용조 목사님이 내게 해주신 말씀의 의미를 너무도 잘 이해하고 있다. 모든 과정을 지나고 보니 그것 또한 하나님의 능력을 발견하는 과정이었음을 깨달을 수 있었다. 그리고 이후 하나님의 부르심을 따라 살아가는 여정 속에서 이 영적인 가르침을 가슴 깊이 새기게 되었다.

교회의 담장을 허무신 하나님

나는 구체적으로 도심에 예배 처소를 알아보기 시작했다. 교회에 출근한 후 곧바로 시내로 달려가 하루 종일 발품을 팔며 이곳저곳을 돌아다녔다. 하지만 도심에서 수백 명이 예배드릴 수 있는 공간을 찾는 일은 쉽지 않았다. 한 중개업소에 갔을 때의 일이다. 그곳 중개업자가 내게 어떤 용도로 쓸 공간을 찾느냐고 물었다. 나는 "대학생들 수백 명이 예배드릴 공간을 찾고 있습니다"라고 말했고, 중개업자는 어처구니가 없다는 듯이 말했다.

"여기 도심에서는 수백 명이 예배드릴 공간은 없습니다! 시내에 들어올 생각도 하지 마세요! 절대로 불가능한 일입니다!"

이상하게도 나는 그의 말에 낙심되기는커녕, 오히려 '아, 이것은

사람에게 불가능하기에 하나님이 역사하셔야 가능한 일이겠구나!'
라는 확고한 믿음이 생겼다. 하지만 당장 현실은 암담하고 실제로
어떤 가능성도 보이지 않았다. 도심에 있는 중개업소를 다 찾아다
녀도, 도심 이곳저곳을 아무리 돌아다녀도 수백 명이 예배드릴 수
있는 장소는 보이지 않았다. 비전을 선포했는데 장소를 구하는 데
서부터 진도가 나가지 않았다. 시간은 하염없이 흘러갔다.

주일 사역을 다 마치고 바울공동체 학생 임원단과 함께 기도하
기 위해 종로 사거리로 나갔다. 거리에는 비가 내리고 있었다. 나는
성령님께 간절한 마음으로 기도를 드렸다. 우산을 씌워 주는 학생
임원의 손길도 마다하고 비를 맞으며 울면서 기도를 드렸다.

"성령님, 이 비전은 주님이 보여 주신 것이 아닙니까? 그런데 장
소부터 보이질 않습니다! 언제까지 기다려야 합니까? 언제 장소의
문이 열리는 것입니까?"

성령님이 갑자기 내 안에 한 단어를 말씀하셨다.

"허리우드!"

그때 내 머릿속에 떠오른 간판 하나, 바로 6개월 동안 새벽예배
를 드리던 종로 버거킹 통유리창 너머로 보이던 '허리우드 극장' 간
판이었다. 그리고 그 극장 간판이 내 눈앞에 있었다. 학생 임원들과
함께 무작정 허리우드 극장으로 향했다.

허리우드 극장은 1969년에 세워져서 90년대에는 서울 시내에
서도 손꼽힐 정도로 유명했던 역사 깊은 영화관이다. 나 역시 어릴
때 처음 갔던 영화관이 허리우드 극장이었다. 그런데 멀티플랙스

영화관의 출현으로 고전하다가 마침내 상영관을 세 개로 늘려서 젊은이들이 찾는 영화관으로 탈바꿈하기 위해 준비하고 있었다. 이를 위해 전문 경영인들을 영입하고 새롭게 극장의 콘셉트 변화를 시도하는 중이었다. 그런데 갑자기 우리가 찾아가서 대학생 수백 명이 모이는 예배 장소로 극장을 대관해 달라고 제안하자 실무자들은 놀라며 환영했다.

그러나 곧바로 확답을 받지는 못했다. 문제가 있었는데, 마침 그 영화관의 사장이 독실한 불교신자였던 것이다. 책임자 중 한 분이 심각한 표정으로 극장을 교회 예배 장소로 대여하는 것을 과연 사장님이 좋아하실지 모르겠다면서 결정을 미뤘다. 그리고 며칠 후에 그에게서 연락이 왔다.

"전도사님. 사장님이 대관을 허락하셨습니다. 젊은이들이 극장을 빌려 교회 예배를 드리고 싶어한다고 말씀드리니 좋은 생각이라면서 제안을 받아들여 주셨습니다."

장소 때문에 몇 달 동안이나 끙끙댔던 진통이 순식간에 해결되는 순간이었다. 세상을 향해 나아가는 선교적 교회 'ACTS 29' 비전이 눈앞에서 펼쳐지고 있었다. 거리에 나가서 기도하라는 성령님의 음성에 순종하면서 시작된 '비전 인투 더 시티'의 비전이 '지저스 킹 도심 새벽예배'로 연결되었고, 이것이 시내 영화관에서 드려진 주일예배 '홀리 우드(Holy Wood)'로 연결되었으며, 이것이 곧 성령님과 세상을 향해 나아가는 'ACTS 29'의 비전으로 연결된 것이다.

대학부 바울공동체는 매 주일 허리우드 극장의 가장 큰 상영관인 1관을 빌려 주일예배를 드렸다. 그리고 예배 후에 주변 고시학원 교실을 빌려 소그룹 성경공부 모임을 진행했고, 인사동 거리에 나가서 전도의 시간을 가졌다. 전도를 마친 후에는 다 함께 거리 청소를 실시하고 주일 사역을 마무리했다.

나는 이 모든 과정을 경험하면서 하나님이 우리에게 바라시는 것은 게토에 갇힌 종교적 공동체가 아님을 분명하게 알 수 있었다. 우리는 매주 성령님과 함께 역동적으로 세상과 거리로 나아가 예수님을 전하면서 선교 공동체로 거듭나는 생명력과 변화를 체험할 수 있었다. 두려움과 분리주의적인 태도를 혁파하고 어떤 환경과 조건 속에서도 주님이 사랑하시는 한 영혼을 향해서 나아갔으며, 성령님의 능력으로 어떻게 그 영혼들을 섬기고 복음을 전할 것인가에 도전했다. 그야말로 선교적인 태도와 자세로의 완벽한 변화였다. 이것이야말로 하용조 목사님이 늘 강조하시던 '패러다임 쉬프트(paradigm shift)'의 성취였다.

무엇보다 사도행전에서만 보았던 바로 그 교회가 글이나 말로만 존재하는 사문이 아니라 우리 삶의 터전에서 살아 역사할 수 있다는 것을 깨달았다. 한번은 학생 리더인 김상훈 형제로부터 반가운 소식을 들었다. 종로구청에서 온누리교회 대학부 바울공동체에게 모범 시민상을 주겠다고 제안했다는 것이다. 매 주일예배와 전도 후에 묵묵히 인사동 거리를 청소했던 소식이 우연히 구청 담당자들에게 전해졌다고 했다. 종로구청에서 시상품을 주었는데, 청소도구였다. 우리는 그것으로 더 열심히 거리 청소를 했다.

주변 상가 주인들도 처음에는 우리가 전도하는 것을 좋지 않게 봤지만, 다양한 문화 콘텐츠로 공연도 하고 찬양하며 전도하자 거부감이 곧 관심과 호감으로 바뀌기 시작했다. 부활 주일에는 부활절 계란을 예쁘게 만들어 주변 분들과 나누며 자연스럽게 부활절에 관해 이야기를 나누기도 했다. 그러다 보니 삶의 고충과 어려움에 대해서도 자연스럽게 털어놓을 수 있는 사이가 되었다. 어버이 주일에는 근처 탑골 공원에 계신 어르신들을 찾아갔다. 연예인으로 활동하는 이하늬 자매가 양재 대학부 요한공동체의 국악 팀장이었는데, 흔쾌히 자원하여 어르신들을 위한 공연을 준비해 주었다. 전통 차와 떡도 준비하여 어르신들을 대접하며 전도도 했다. 어르신들은 젊은이들과 함께 시간을 보낸 적이 언제인지 모르겠다면서 함께 춤추고 기뻐하며 그 시간을 즐겨 주셨다.

하나님은 '없는 데서 찾으시는 분'이 아니다. 한 달란트만 주시면서 열 달란트를 가져오라고 요구하시는 분이 아니다. 우리를 부르시고 또 명하시는 하나님은 모든 것을 예비하시고 공급해 주신다. 바로 이 예비하시고 공급하시는 하나님을 믿는 교회가 사도행전의 바로 그 교회임을 나는 매 순간 깨달아 가고 있다. 성령님은 사도행전에서 하나님의 사람들에게 성령을 부어 주시고 교회를 이루게 하시고 곳곳에 보내어 복음을 전하게 하신 것처럼, 지금도 동일하게 성령님께 순종하며 헌신하는 작은 자들을 사용하셔서 하나님 나라의 놀라운 구원의 역사를 이루어 가신다.

특별히 기억에 남는 사건이 있다. 우리가 탑골 공원에 계신 어르신들을 찾아갔을 때, 한 분이 우리 학생 한 명을 지팡이로 때리고 위협했다. 영문을 몰라 왜 그러시느냐 여쭈었더니 이 어르신이 "우리 같은 늙은이들에게 왜 찾아와 대접하고 잘해 주는가? 의도가 무엇인가? 노 대통령이 보낸 첩자가 아니냐?"며 흥분했다. 알고 보니 당시 정치적으로 세대 갈등이 본격화되던 시기였는데, 마침 이 학생이 입고 온 자켓 색이 특정 정당을 상징하는 색과 맞아떨어졌던 것이다. 나는 어르신에게 이 학생들은 예수님을 믿는 대학생들이고 다른 의도 없이 어르신들을 사랑하시는 예수님의 사랑과 구원의 복음을 전하기 위해 여러 가지 준비해서 온 것이라고 설명했다. 이렇게 세대와 정치적 견해의 갈등은 지금까지도 이어져 더욱 극심한 지경으로 치닫고 있다. 이럴 때일수록 교회는 한국 사회 속에서 서로 물고 뜯을 것이 아니라 복음 안에서 섬김과 희생과 헌신으로 나아가야 할 것이다. 예수님 안에서 모든 것을 넘어설 때 혁명이 아니라 변화의 주체로 바로 설 수 있다.

믿고 순종할 때 얻게 되는 승리

도심에서 예배하며 선교하는 바울공동체는 자연스럽게 복음 공동체로서의 정체성이 점차 분명해져 갔다. 그러다 보니 매 주일예배가 친구를 초청하여 드려지는 열린 예배가 되었다. 어느 날 주일예배 시간에 경배와 찬양을 드리고 단에 올라가 말씀을 전하려 하는데 맨 마지막 줄에 앉은 승려 한 분이 눈에 들어왔다. 교회 예배당에 승복을 입은 승려가 앉아 있는 장면은 쉽게 그려지지 않는다. 그러나 '홀리 우드' 예배에서는 가능한 상황이었다.

나는 갑자기 그에게 이 예배가 마지막 예배이며 이 설교가 마지막 듣는 설교일 수 있다는 생각이 들었다. 그래서 준비한 설교를 멈추고 기본적인 예수님의 구원에 대한 복음 말씀을 전했다. 예배를 마치고 승려를 만나기 위해 달려갔지만 이미 자취를 감춰서 만날 수 없었다. 안내팀 학생들에게 물어보니 그분은 근처 조계사에 계신 승려인데, 일요일 아침에 조조 영화를 보러 극장에 왔다가 교회 예배가 있어서 자연스럽게 들어와 예배를 드리게 되었다고 했단다.

> 13 누구든지 주의 이름을 부르는 자는 구원을 받으리라 14 그런즉 그들이 믿지 아니하는 이를 어찌 부르리요 듣지도 못한 이를 어찌 믿으리요 전파하는 자가 없이 어찌 들으리요 15 보내심을 받지 아니하였으면 어찌 전파하리요 기록된 바 아름답도다 좋은 소식을 전하는 자들의 발이여 함과 같으니라 롬 10:13-15

구원은 몇몇 사람만 누리는 특권이 아니다. 누구든지 예수님을 내 구주로 고백할 때 구원받을 수 있다. 그런데 믿는 자라야 그 고백을 할 수 있다고 한다. 믿음은 들음에서 난다. 또 전하는 자가 있어야 들을 수 있다. 복음을 듣는다는 것은 기회이다. 누군가에게 그 기회를 제공하기 위해 우리는 그들을 찾아가서 전하고 섬기고 감동을 주어야 한다. 우리는 전하라고 보내심을 받은 증인의 사명을 받았다. 좋은 소식인 예수님을 전하기 위해 수고하는 발품은 주님이 보고 싶어 하고 찾으시는 가장 큰 아름다움이다.

바울공동체는 계속해서 친구초청집회를 개최했다. 불신자 친구들을 초청해서 복음을 전하고자 했다. 굳어진 마음 문을 열기 위해 문화 공연도 준비했다. 한번은 한 학생이 내게 찾아와 이야기했다.

"전도사님, 이번에 제 친구가 친구초청집회에 오기로 했습니다. 그런데 그 친구가 '안티 기독교'입니다. 메시지 잘 부탁드립니다!"

마땅한 본문이 떠오르지 않아 고민이 되었다. 그런데 기도 중에 성령님이 "아브라함이 100세에 아들 얻은 말씀을 전하라"는 감동을 주셨다. 나는 조금 의문스러웠다. 예수님을 전혀 모르고 심지어 안티 기독교인 대학생이 온다는데, 100세에 아들을 얻은 노인에 관한 이야기가 과연 적절한가 싶었다. 그러나 아무리 준비해도 딱히 다른 말씀이 떠오르지 않았다. 기도 중에 성령님이 내가 가진 믿음에 대해 깨닫게 하셨다. 내 믿음은 안티 기독교인 대학생에게 아브라함이 100세에 아들을 얻은 말씀은 통하지 않을 것이라는 믿음이었다. 절대로 그 말씀은 불신자와 안티 기독교인 학생을 변화시킬 수 없을 거라는 굳은 믿음이었다. 이것은 결코 하나님 말씀에 대한 신뢰가 아니다. 진짜 믿음이 아니었다.

나는 회개하고 순종함으로 말씀을 준비했다. 그리고 드디어 주일예배 시간, 아브라함이 100세에 아들을 얻은 메시지를 전했다.

"하나님은 재밌으신 분입니다. 평생 자식 없이 살아 온 80세 할아버지와 할머니에게 아들을 주겠다고 말씀하셨습니다. 한밤에 수많은 별을 보여 주시며 네게서 나오는 후손이 저 하늘의 별과 같이 많아질 것이라고 말씀하며 자신의 이름까지 걸고 약속하셨습니다.

하나님은 너무나 창의적인 분이십니다. 사람의 생각과 계산과 판단을 뛰어넘는 파격과 놀라운 역설로 삶의 기적을 일으키십니다. 하나님은 자신이 창조주요 구원자이심을 드러내시는 분입니다. 사람은 스스로를 구원할 수 없습니다. 그러나 세상과 사람을 디자인하신, 유일한 신이신 하나님은 마침내 100세가 된 아브라함에게 아들을 주시면서 우리 인생 속에 들어와 우리를 구원하고 우리와 함께 걸어가겠다고 말씀하십니다. 사랑하는 여러분. 내 눈으로 보면 하나님은 안 들리고 안 보입니다. 하지만 눈에 보이는 모든 것은 눈에 보이지 않는 영이신 하나님으로부터 시작되었고 유지되고 돌아갑니다. 우리 삶의 문제를 영원히 해결하시기 위해 예수님이 이 땅에 오셨습니다. 우리의 모든 죄와 저주의 대가를 십자가에서 죽으심으로 단번에 해결하셨습니다. 이제 주인이 우리를 부르십니다. 오늘 우리를 부르시는 하나님께 응답하시기 바랍니다."

친구초청집회가 끝난 뒤, 친구를 위해 메시지 잘 준비해 달라고 부탁했던 학생이 찾아왔다.

"안티 기독교라는 그 친구 왔어? 뭐래?"

"그 친구가 하는 말이, 그동안 하나님을 오해하고 있었다면서, 이제 하나님에 대해 다시 생각해야겠다고 말했어요. 전도사님 감사합니다."

우리는 항상 익숙하고 계산되는 지도 안에서만 머무르려고 한다. 무분별한 만용은 지양해야 하지만, 우주와 우리 삶을 시작하신 하나님을 믿고 순종하는 삶은 승리하는 인생의 기초이다. 모든 것이 하나님의 은혜와 능력과 권세로 말미암기에, 하나님을 경외하는 것이 우리의 지혜이며 힘이고 이기는 삶의 비결이다.

> **38** 나의 의인은 믿음으로 말미암아 살리라 또한 뒤로 물러가면 내 마음이 그를 기뻐하지 아니하리라 하셨느니라 **39** 우리는 뒤로 물러가 멸망할 자가 아니요 오직 영혼을 구원함에 이르는 믿음을 가진 자니라
>
> 히 10:38-39

주님의 부르심에 순종했던 '샤이닝 워리어'

성령님은 온누리교회 대학부 바울공동체를 계속해서 도심의 다양한 지역과 영혼에게로 이끄셨다.

서울 시내에서 보면 섬 같은 산동네가 중심에 있다. 창신동이다. 어느 날 성령님이 내게 "저 산에 있는 영혼들을 섬기라"는 마음을 주셨다. 때마침 그곳 시내의 한 교회에서 위탁받아 운영하는 복지회관 관계자를 만나게 되었고, 그 지역에 사는 분들에 대한 사연을 들었다. 대부분 저소득층 가구이고, 특별히 독거노인과 부모님의 돌봄을 받지 못하는 아동들이 다수 거주하고 있다고 했다. '고아와 과부'를 기억하시는 하나님의 마음이 부어졌다. 성령님의 인도하심을 깨닫게 되었다.

바울공동체의 여름 국내 아웃리치를 통해 학생들을 독거노인분들과 일대일로 연결해 반찬을 해서 가져다드리며 그분들을 위로해드렸다. 자식이나 혈육의 도움 없이 외롭게 살던 노인분들에게 갑자기 대학생 손주들이 생긴 셈이었다. 할머니 한 분은 동네 사람들에

게 "내 손녀가 서울대학교에 다닌다"고 자랑하셨다고 했다. 사람들이 찾아오는 자식 하나 없는 할머니가 무슨 소리냐며 믿지 않자 학생에게 전화를 걸어 확인하셨다는 이야기를 들었다.

바울공동체 학생 중 음악과 미술을 전공하는 몇몇 학생들은 일주일에 한 번씩 복지회관에 와서 아동들에게 악기 연주와 미술 지도를 하기도 했다. 일주일에 한 번씩 시간을 내어 그 가파른 언덕을 오르고 올랐던 발걸음은 주님의 사랑을 전하고자 한 귀한 사랑이었다.

어린이 주일에는 버스를 대절해 부모의 돌봄을 제대로 받지 못하는 아동들을 온누리교회로 초청해 다양한 행사와 놀이로 함께 놀아주었다. 다양한 다과와 음식도 대접하고 선물도 나눠 주었다. 어떤 아동은 자신이 천국에 온 것 같다며 즐거워했다고 한다. 대학부 학생 중 한 명은 어릴 때부터 부유하게 자라서 어린이날에 선물을 많이 받는 것을 당연하게 여겼는데, 어려운 환경에서도 씩씩하게 자라는 아이들을 보며 자신의 경솔함을 회개했고 또 앞으로 어떻게 살아야 할지 진지하게 생각하게 된다며 눈시울을 붉히기도 했다.

성경에는 축복과 저주에 대한 말씀이 기록되어 있다. 삶의 결과와 열매가 축복과 저주가 된다. 사람은 죄인이기에 결국 모든 삶의 결과와 열매는 죄이며 저주이다. 하지만 예수님의 십자가 희생으로 우리의 죄에 따르는 저주의 열매는 의와 축복의 열매로 바뀌었다. 물론 이 과정에서 하나님은 우리 자아를 깨뜨리신다. 우리를 철저하게 낮아지게 하시고 죄의 본질을 직시하게 하신다. 애통과 통곡과 사람 막대기와 인생 채찍으로 우리를 다루시고 세워 가신다. 주님은 성령님의 인도하심 가운데 주님의 약속을 믿고 순종하며 주님의 비전에 헌신한 사람들을 축복하신다.

지금 생각해 보면 그 시절 모든 일은 주님으로부터 시작되었다. 사람을 모으고 그들을 통해 이루시기까지 온통 주님이 이루어 가셨다. 나는 항상 그날의 '비전 인투 더 시티'를 추억하면 주님의 부르심에 순종하여 헌신한, 주님의 사람들이 떠오른다. 바로 새벽 이슬 같았던 바울공동체 형제자매들이다. 그들은 하나님을 사랑하는 순수한 열정으로 아무 대가도 없이 즐겨 순종하며 헌신했다. 그럴 때 하나님의 비전과 꿈이 실현되고 이루어져 갔다. 바울공동체의 멘토 그룹이던 문창호 장로님과 제무성, 김인선, 황성룡 실행위원 집사님들도 기억난다. 일주일 내내 일터에서 수고하고 양재 캠퍼스에서, 또 종로 허리우드 극장을 누비며 함께 예배하고 새가족 그룹을 가르치고 기도하고 후원해 주었다.

바울공동체에는 세 가지 구호가 있었다. 선교 사역으로 힘들고 지칠 때마다, 함께 찬양하며 소리쳤던 구호이다.

"오직 예수! 성령 충만! 절대 순종!"

바울공동체를 시작할 때 성령님은 우리를 '아둘람공동체'라고 말씀하시며, 부족한 우리를 통해서 빛의 역사를 일으키실 것이라며 '샤이닝 워리어(Shining Warrior, 빛의 군대)'라고 말씀하셨다. 바울공동체의 형제자매들은 비록 아둘람공동체와 같이 불완전했지만, 오직 예수님으로 모였고, 성령 충만을 구했고, 절대 순종으로 모든 것을 뚫고 극복하는 빛의 군대였다. 진로를 고민하면서도 후배를 위해, 다른 멤버들을 위해 시간과 삶을 드려 헌신하고자 했던 형제자매들을 기억한다. 나는 지금도 이사할 때마다 기도하려고 만들었던, 그 시절 형제자매들의 사진이 담긴 명부를 먼저 챙긴다. 비록 지금은 연락이 닿지 않아 소식을 모르는 형제자매도 있지만, 하나님이 그들을 끝까지 기억하시고 평생에 은혜와 축복을 베푸시기를 기도한다.

교회는 불멸이다

> 내가 너로 여자와 원수가 되게 하고 네 후손도 여자의 후손과 원수가 되게 하리니 여자의 후손은 네 머리를 상하게 할 것이요 너는 그의 발꿈치를 상하게 할 것이니라 하시고 창 3:15

> 하나님이 세상을 이처럼 사랑하사 독생자를 주셨으니 이는 그를 믿는 자마다 멸망하지 않고 영생을 얻게 하려 하심이라 요 3:16

하나님은 세상을 너무도 사랑하신다. 회복하고 구원하기를 원하신다. 그래서 구속사의 비전을 이루시기 위해 메시아 예수님을 보내셨다. 십자가 사건을 통해 구속사를 완성하셨다. 그래서 교회는 불멸이다. 예수님을 머리 삼고 예수님의 몸 된 진짜 교회는 영원하다. 어떤 유혹이나 고난, 핍박도 결국 다 이기고 하나님의 임재와 영광을 드러낸다.

예수님의 참된 교회, 불멸의 교회는 세 가지 분명한 자기 정체성이 있다. 첫째, 성령님이 이끄시는 교회, 둘째, 평신도가 이끄는 교회, 셋째, 비전이 이끄는 교회이다.

성령님이 이끄시는 교회

예수님은 승천하시기 전에 성부 하나님이 약속하신 보혜사 성령을 기다리라고 말씀하신다. 예수님을 머리 삼은 예수님의 몸 된 교회는 철저하게 보혜사 성령 하나님이 주도하고 인도하시는 교회이다.

> **12** 내가 아직도 너희에게 이를 것이 많으나 지금은 너희가 감당하지 못하리라 **13** 그러나 진리의 성령이 오시면 그가 너희를 모든 진리 가운데로 인도하시리니 그가 스스로 말하지 않고 오직 들은 것을 말하며 장래 일을 너희에게 알리시리라 **14** 그가 내 영광을 나타내리니 내 것을 가지고 너희에게 알리시겠음이라 요 16:12-14

교회는 예수님의 제자 공동체요 하나님 나라를 이루는 공동체이다. 이 공동체에는 예수님이 말씀하신 것처럼 성령께서 오셔야 한다. 그렇지 않으면 교회는 이 땅에서의 사역을 '감당'할 수 없다. 성령님이 안 계시면 우리는 예수님의 말씀을 깨달을 수 없고, 그 말씀에 순종할 수도 없다. 따라서 예수님의 말씀이 이 땅에 이루어지지 못한다. 우리의 힘과 지혜로 하나님 나라를 이루려는 것은 허상이고 교만이다.

하지만 13절 말씀처럼, 진리이신 성령님이 오시면 교회를 진리로 인도해 주신다. 유대인들은 구약성경의 토대가 되는 모세오경을 '토라'라고 부른다. 토라는 '하나님의 마음'이라는 의미이다. 말씀의 진리는 단순히 지식적인 정보가 아니라 진리이신 하나님에게서 나온 것이다. 성령님은 에베소서 1장에서 말하는 지혜와 계시의 영을 부어 주심으로 하나님의 마음인 말씀의 진리를 깨닫게 하시고 교회 공동체가 하나님의 마음을 품은 하나님의 공동체로 세워지게 하시고 살아가게 하신다.

또한 예수님은 들은 것과 장래의 일을 알려 주시는 성령님에 대해 말씀하신다. 이것은 세상을 향한 하나님의 구원 생명과 회복의 통로로써 우리가 어떻게 쓰임을 받을지 구체적인 비전과 전략까지도 인도해 주시겠다는 약속이며 지침이다. 따라서 성령님이 이끄시는 교회는 세상에 하나님의 영광을 나타내게 된다. 왜냐하면 하나님의 것으로 말하고 인도하기 때문이다. 하나님의 것은 바로 하나님이 부어 주시는 능력과 은사이다.

> 그가 내게 대답하여 이르되 여호와께서 스룹바벨에게 하신 말씀이 이러하니라 만군의 여호와께서 말씀하시되 이는 힘으로 되지 아니하며 능력으로 되지 아니하고 오직 나의 영으로 되느니라 슥 4:6

예수님의 교회에는 남다른 힘과 능력이 있는 것이 아니다. 오직 하나님의 영이신 보혜사 성령님이 계신 것이다. 교회는 성령님을 통해 예수님을 머리 삼고 예수님의 몸으로 온전히 세워진다. 그럴 때 세상을 향한 생명과 회복의 통로 역할을 감당하게 된다. 사도행전의 초대교회는 오순절 성령강림 사건을 체험하면서 성령님을 이용하고 사용하는 교회가 아니라 성령님께 주도권을 내어드리는 교회였다. 그들은 성령님께 묻고 들으며 순종하며 헌신했던 교회이다.

온누리교회 사역을 하는 동안 하용조 목사님을 향한 사역자들과 성도들의 강한 신뢰감이 있다는 것을 알았다. 그것은 하용조 목사님이 온누리교회의 주도권을 성령님께 온전히 맡기고 성령님의 음성에 순종하실 것이라는 신뢰였다. 그리고 사역자들과 성도들 역시 성령님의 음성에 민감하게 반응하고 순종하며 헌신하는 것이 자연스러운 일이자 우선순위가 되었다. 우리는 자연스럽게 모든 삶과 사역에 성령님의 인도하심을 구했다. 그리고 성령님을 통해서 교회의 머리 되신 예수님이 기뻐하시는 삶과 사역을 구했다. 그러다 보니 하나님 나라의 본질을 추구하는 삶을 살게 되었고, 사역 또한 그럴 수 있었다. 그리고 교회에 대한 기쁨과 감사가 넘치게 되었다.

성령님이 이끄시는 온누리교회의 특징이 또 한 가지가 있다. 그것은 자기중심적이고 인위적으로 치우친 성과 속을 구분하지 않는 영성이었다는 것이다. 성령님이 이끄시는 교회는 머리 되신 예수님을 추구하는 일상의 거룩과 모든 성경의 결론이자 하나님 마음의 결론인 영혼을 사랑하는 마음으로 연결된 교회이다. 또한 예수님을 추구하고 사모하는 열정 속에서, 세상을 주님의 눈으로 바라보며 사탄의 궤계와 인생의 고통 속에 신음하는 영혼들을 향한 열정을 품고 사역하는 교회이다.

성령님이 이끄시는 교회는 좌로나 우로나 치우친 영성이 아니라 삶과 세상의 한복판에서 예수님을 사랑하고 예수님을 닮아 가는

법을 배운다. 그리고 옆에 있는 이웃의 영혼을 뜨겁게 사랑하고 끊임없이 세상 속으로 들어가 소통하며 예수님의 생명을 전하는 영성이 열매가 된다. 그것이 내가 온누리교회에서 사역하며 배우고 경험한 내용이다.

성령충만한 평신도가 이끄는 교회

사도행전에서 예수님이 우리에게 보여 주시는 교회의 두 번째 특징은, '평신도가 이끄는 교회'이다. 그냥 평신도가 아니다. 오순절 성령강림을 통해서 거듭난 성령충만한 평신도들을 통해서 예수님의 교회를 이루고 세우고 이끌어 가신다. 오순절 성령강림 사건은 요엘 선지자 시절에 하나님이 꿈꾸는 공동체에 대해 하신 예언의 성취였다.

> 28 그 후에 내가 내 영을 만민에게 부어 주리니 너희 자녀들이 장래 일을 말할 것이며 너희 늙은이는 꿈을 꾸며 너희 젊은이는 이상을 볼 것이며 29 그때에 내가 또 내 영을 남종과 여종에게 부어 줄 것이며 욜 2:28-29

하나님은 예수님의 초림과 재림 사이 하나님의 구속 사역을 섬기는 예수님을 머리로 삼는, 예수님의 몸 된 교회 공동체를 계획하셨다. 그 교회의 특징 중 하나가 성령공동체이다. 세상의 한복판에서 하나님 나라로 살아가는 교회 공동체가 바로 성령공동체이다. 그래서 신약의 교회가 시작된 '사도행전'을 '성령행전'이라고 부른다.

그런데 우리는 요엘 2장 28-29절 말씀을 통해 한 가지 더 성령공동체의 특징을 보고 듣게 된다. 예수님의 교회가 되게 하는 성령을 만민에게, 모든 세대에게 부어 주신다는 것이다. 거기에는 사회문화적인 기준에 따른 그 어떠한 차별도 없다.

미국의 역사 속에서 미국 시민권 시험에도 꼭 나올 정도로 중요하게 여기는 한 인물이 있다. 수잔 앤서니(Susan Brownell Anthony)이다. 남북전쟁이 일어난 19세기 후반부터 노예제도 폐지와 여성 차별을 철폐하며 여성의 투표 참정권을 위한 시민운동을 일으킨 여성이다. 미국에서 여성들에게 투표 참정권이 없던 1872년 11월, 수잔 앤서니와 그의 자매들은 미합중국 18대 대통령선거에서 투표를 했다는 이유로 체포된다. 당시 미국의 헌법에는 여성의 참정권이 없었기 때문이다. 수잔 앤서니는 100달러의 벌금형을 선고받았지만 그후로도 여성의 참정권을 위해 물심양면으로 노력했다. 결국 그녀의 노력으로 1920년에 미국은 헌법을 개정하여 여성참정권을 명시하였다. 이 역사적인 사건은 미국 민주주의의 토대를 놓은 중요한 사건이다.

인류의 역사 속에서 편견과 차별이 폐지되기 시작한 것은 불과 100년도 안 되었다. 그러나 하나님은 이미 B.C. 835-796년경에 요엘 선지자를 통해 민족간, 인종간, 세대간, 성별의 차이 없이 성령을 부어 주겠다고 약속하셨다. 이것은 교회 공동체가 차별적, 폐쇄적인 구조가 아니라 성령님 안에서 역동적이면서도 열려 있는 구조, 유기체로서 존재하고 역할을 감당할 것에 대해 말씀하신 것이다. 즉 우리는 교회 안에 제한된 봉사의 일을 넘어 예배와 선교, 전도, 구제, 사회선교 등 다방면에서 직임과 은사대로 헌신하는, 주도적인 헌신자로 세워질 것이다.

온누리교회에서 사역하는 동안 하나님을 사랑하고 하나님 나라를 위해 헌신하며 예수님의 교회를 이끌어 가는 보석 같은 성도들을 많이 만날 수 있었다. 온누리교회 일대일 제자 양육의 표어는 '배우거나 가르치거나'이다. 내가 부족하다면 배우고, 배웠다면 가르치며 섬기라는 것이다. 예배와 선교의 현장에서 성령님이 부어 주신 은사로 부르심을 따라 기쁘게 헌신하는 역동성이 온누리교회에 넘쳐났다. 단순히 교회 사역에 평신도들을 동원하는 것이 아니라, 성령충만함을 입은 성도들이 자발적으로 헌신하여 주님을 위해 곳곳에서 찬송과 기도 소리를 내었다. 주님이 주신 부르심과 은사를 따라 세상의 각 분야에서 성령의 말하게 하심을 따라 말씀을 소리 내고 전하며 소금과 빛이 되는 모습이다.

비전이 이끄는 교회

사도행전에서 성령께서 보여 주시는 예수님의 교회의 세 번째 특징은, 비전이 이끄는 교회이다.

> 묵시가 없으면 백성이 방자히 행하거니와 율법을 지키는 자는 복이 있느니라 잠 29:18

'묵시'에 해당하는 히브리어 단어는 '카존'이다. 영어 성경에서는 'vision'이라고 해석한다. 정확한 의미는 '계시(revelation)'라고 할 수 있다. 그리고 '율법'의 히브리어 단어는 '토라'이다. 토라는 좁게는 모세오경을 뜻하는 단어이면서, 하나님의 법과 마음을 의미한다. 하나님의 마음을 품는다는 것은 곧 하나님의 법을 마음에 두는 것이고, 하나님의 법은 곧 하나님의 사랑의 법을 마음에 두는 것이다. 그래서 율법을 지킨다는 것은 단순히 종교적 조항을 지킨다는 의미가 아니라 하나님의 마음, 하나님의 사랑의 법을 마음에 품고 살아가는 것이다.

결론적으로 비전이 이끄는 교회는 묵시 즉, 하나님이 주시는 비전을 따라가는 교회이며, 하나님의 마음, 하나님의 사랑의 법이 이끄는 교회이다. 비전과 꿈이라는 것은 하나님에게서 나온 것이다. 사람과 세상의 야망은 유한하고 언젠가 사라질 것이지만, 하나님의 비전과 꿈은 영원불멸하다. 그래서 하나님의 비전과 꿈이 이끄는 예수님의 교회는 영원불멸하다. 핍박과 고난이 오고 어떤 유혹이 붙잡아도 교회는 결코 망하지 않는다. 타락하지 않고 방황하지 않는다. 넘어지고 헤매더라도 결국 다시 일어서고 올바른 방향을 잡는다. 따라서 우리는 지금 우리 교회가 하나님에게서 오는 비전과 꿈에 이끌려 가고 있는지, 아니면 사람과 세상의 욕망과 야망에 이끌려 가고 있는지 늘 확인하고 또 점검해야 한다.

우리는 너무나 쉽게 예수님의 이름을 걸고 하나님의 꿈과 비전이라고 주장한다. 그러나 하나님은 불꽃 같은 눈동자로 자신의 교회를 지켜보고 계시다. 만물의 통치자 되시는 예수님 앞에 정직하고 신실하게 엎드리는 교회를 찾고 계시다. 이런 교회는 반드시 살아나고 예수님의 권세와 능력의 통로로 세워지고 쓰임받을 것이다.

하나님은 창세기부터 계시록에 이르기까지 꿈과 비전을 분명하게 말씀하신다. 세상을 창조하신 하나님이, 타락하여 고통 가운데 죽음을 향해 질주하는 세상과 사람을 구원하시겠다는 것이다. 이것을 구원 행동, 구속사라고 부른다. 그래서 교회는 성령님의 인도함을 받으며 하나님의 비전과 꿈인 구원 행동, 구속사를 섬기기 위해 세상과 사람을 향해 순종하고 헌신하며 나아간다.

나는 온누리교회에서 이런 교회의 분명한 비전과 꿈을 품고 평생 달려가셨던 하용조 목사님과 많은 동역자를 만나 배우고 사역할 수 있었다. 그 시간은 하나님의 비전과 꿈에 사로잡혀 평생 헌신하며 순종하는 삶을 훈련한 귀한 시간이었다.

Part. 3
광야에서 쏟은 눈물

chapter ⑦

내가 너를 완전히 고쳐 쓰리라

새로운 동역자와의 만남

대학부 사역을 내려놓고 서빙고 주일 청년부 갈렙공동체로 이동하게 되었다. 사실 처음에는 사역지를 이동하는 것에 대해서 동의하기가 어려웠다. 그러나 성령님은 이제 모든 것을 다 내려놓고 떠나라고 말씀하셨다. 또 다른 부르심과 비전으로 나를 부르겠다고 말씀하셨다. 나는 순종하여 마음을 정리하고 다음 사역지를 향해 방향키를 돌렸다.

대학생들과 달리 다양한 세대, 다양한 분야에서 직장생활하는 청년들과의 만남은 또 다른 새로움이었다. 이곳에서 나는 전혀 다른 경험을 통해서 사역자로서의 지경을 넓힐 수 있었다.

무엇보다 소중한 동역자로 이상준 목사님을 만났다. 후배였지만 이상준 목사님이 청년부 담당 사역자였고, 나는 부담당 사역자로서

최선을 다해 동역했다. 이 무렵 우리는 기존의 침묵기도 위주로 진행되던 새벽예배 분위기를 바꿔 보고자 했다. 영적으로 집중하여 부르짖으며 돌파하는, 부흥을 구하는 새로운 콘셉트로 진행하기로 한 것이다. 침묵기도에 어울리던 음악을 통성기도와 부르짖는 기도에 맞도록 변경했다. 이러한 변화는 처음에 큰 반대에 부딪혔다. 그러나 우리는 역동적인 새벽예배의 방향성을 굳게 밀고 나갔다.

일주일에 4일간 이상준 목사님이 설교할 때는 내가 설교 후 통성기도를 인도하고, 2일간 내가 설교할 때는 이상준 목사님이 통성기도를 인도했다. 점차 새벽예배의 영적 분위기가 변화되고 참여하는 영혼들이 살아나기 시작했다. 수십 명 남짓했던 새벽예배에 800여 명까지 모이게 되었다. 주님을 사모하는 영혼들이 새벽 시간을 뚫고 달려와 함께 마음과 소리를 더했다. 이렇게 주님의 이름을 부르며 새벽을 깨우는 역사가 일어났다. 새벽예배 담당이던 심상달 장로님은 후에 이렇게 말했다.

"젊은 두 분 교역자가 서로 경쟁하지 않고 아름답게 동역하는 모습에 감동받았습니다. 성령님이 귀한 연합의 동역 가운데 강하게 역사하심을 느꼈습니다."

이상준 목사님과는 지금도 한국에 순회 사역 갈 때마다 만나서 교제하고 있다. 성경 번역 선교사로 헌신했고 늘 선교사로 떠나겠다고 말하던 이상준 목사님에게 기도 중에 성령님이 주셨던 마음을 나눈 적이 있다.

"한국 교회를 위해서 성령님이 이상준 목사님을 귀하게 쓰실 거예요!"

비록 그때 이상준 목사님은 손사래를 쳤지만, 하나님은 이후로도 이상준 목사님을 들어 귀하게 쓰셨고, 앞으로도 그를 통해 한국교회 부흥의 역사를 새롭게 써 내려갈 것임을 믿는다.

성숙한 평신도들과의 만남

청년부 사역 1년 후에 나는 온누리교회 성인 부서로 이동했다. 한번은 교회 로비에서 하용조 목사님을 뵙게 되어서 부서 이동 소식을 전해 드렸다.

"목사님 저 이제 성인 공동체 사역을 맡게 되었습니다."

"그래? 너무 잘됐어! 머무르면 안돼! 선교까지 가!"

그러고 보면 예전에도 하용조 목사님은 나를 만날 때마다 의미심장한 말씀을 해주곤 하셨다. 언젠가 차를 타고 가시다가 길을 걷고 있던 나를 보고 차를 멈추신 적이 있다. 그때 하용조 목사님은 "기존의 생각과 전혀 다른 앵글로 보면 새로운 시각이 생겨. 계속해서 성령님 안에서 새로운 시각으로 도전해!"라고 말씀해 주셨다. 또 내가 바울공동체를 섬길 때 지인에게 내 소개를 하면서 "우리 교회에서 야성이 가장 뛰어난 이은호 전도사입니다!"라고 하셨다.

하용조 목사님은 나를 부르실 때마다 전도사나 목사라는 호칭보다는 형제나 선교사란 호칭을 사용하셨다. 처음에는 '내가 누군지 잘 모르시나 보다'라고 생각했다. 그런데 나중에는 '진정한 복음의 동역자요, 선교사로 생각하시는구나'라고 생각하게 되었다.

성령님은 성인공동체에서 생각지 못한 경험과 훈련의 기회를 허락하셨다. 첫 번째로 성숙한 평신도 리더들을 많이 만났고, 그들의 삶과 믿음생활에 동참할 수 있었다. 열정은 자칫하면 미성숙을 감추고 실수와 잘못을 합리화하여 또 다른 깊은 문제를 만든다. 하지만 삶의 여러 과정 속에서 연단을 받다 보면 광야의 모세와 같이 성숙한 믿음을 얻게 되고, 비로소 광야를 통과하여 주님의 리더십으로 쓰임 받게 된다. 온누리교회 성인공동체의 평신도 리더들은 이렇게 성숙한 분들이 많았다. 그들을 통해 나는 내 자신을 돌아보며 많은 것을 경험하고 배울 수 있었다. 또한 교역자의 시각에서만 아니라 평신도의 시각에 대해 이해하고 배우는 시간이기도 했다.

두 번째는 온누리교회 내 다양한 사역을 섬기면서 다양한 삶의 경험과 훈련의 기회를 얻었다. 봄과 가을에 개최하는 온누리 축제 기획과 실무 담당도 맡아 보고, 열린 새신자 예배, 주일 저녁 설교, 금요철야, 화요성령집회, 은사 발견 세미나, 탈북자 하나공동체 사역, 천만큐티운동본부 강사, 러브소나타를 비롯해 교회 전체 사역에 함께 참여하면서 다양한 경험을 하게 되었다. 그리고 다양한 계층, 배경, 직업, 성향의 영혼들을 만나 그들의 삶과 믿음에 대한 고백과 고민 그리고 고통과 아픔을 들으며 위로하고 중보할 수 있었다.

언젠가 성령님이 내게 볼품없는 물고기요 열매라고 하셨던 말씀이 떠오르곤 했다. 주님은 부족한 나를 조금이라도 성장시키시기 위해 믿음으로 성숙한 사람들을 만나게 하셨다.

은혜와 축복 속에 드러나는 죄 된 자아

주님은 온누리교회에서 많은 은혜와 축복을 허락해 주셨다. 그러나 시간이 갈수록 주님은 내 안의 지독한 죄성과 깨져야 할 자아를 드러내셨다. 사람은 너무나 쉽게 주변 사람들을 비판하고 핑계를 댄다. 하지만 대부분 문제의 본질은 자기 자신이다. 완전히 죽지 못한 나와 내 자아가 모든 문제의 본질이다. 그래서 상처 주고 상처를 받는다. 원망하고 불평하고 핑계 대고 자기 의를 주장한다. 그러나 무엇 하나 우리 인생에 하나님의 은혜와 축복이 아닌 것이 없다.

주님은 가장 큰 여리고 성, 가장 큰 적과 괴수인 내 옛 자아를 깨뜨리시기로 작정하신 것 같았다. 내가 어느 리더십을 보며 속으로 판단했을 때, 성령님은 분명하고 단호하게 말씀하셨다.

"너는 저 자리에 올라가면 만 배는 더 악한 자다!"

그제야 나는 내 적나라한 모습을 마주할 수 있었다. 나는 어느샌가 교만에 빠져 있었고, 그야말로 죄 덩어리가 되어 있었다. 주님과의 친밀한 교제의 시간이 줄기 시작했다. 주님의 관점으로 보기보다는 인간적인 관점으로 보면서, 한 영혼에 대한 사랑이 식어 가기 시작했다. 동역자들과 사랑으로 동역하는 것이 아니라 경쟁하고 판단하고 불화하기 시작했다. '주님을 위해 많은 일'을 한다는 교만함과 자만함도 마음속에 자리 잡기 시작했다. 겸손히 주님의 뜻을 구하고 주님께 귀 기울이며 영혼의 필요를 돌아보는 마음과 자세가 사라지기 시작했다.

복음의 현장에서 영혼들을 향해 나아가는 영적 야성도 사라지기 시작했다. 내 영혼이 뭔가 잘못되어 가고 있다는 생각이 들었지만 바쁜 사역을 핑계대며 무시한 채 시간을 보내고 있었다.

어느 날 나는 내 모습 그대로 주님과 직면해야 했다. 우리는 흔히 주님이 주신 은혜와 축복과 기적 같은 역사 속에서 다뤄지고 변화받아야 할 내 자아를 직면하고 싶어 하지 않는다. 그러나 하나님은 이스라엘 백성을 부르신 후에 가장 먼저 "내가 거룩하니 너희도 거룩할지어다"(레 11:45)라고 말씀하셨다.

모든 구원 사역의 열매는 하나님과 함께 걸으며 살아가는 것이다. 이 세상에서의 삶과 죽음 이후의 영원한 시간 속에서의 삶도 동일하다. 하나님이 목적이 아닌 인생은 결국 방향을 잃고 방황하고 시험에 들고 타락하여 멸망의 길로 갈 수밖에 없다. 하나님은 은혜를 베풀어 주셨는데, 응답하고 축복해 주셨는데, 권세와 능력을 허락해 주셨는데, 모든 은혜와 축복과 권세와 능력의 근원이신 하나님을 향하지 않고 인생의 방향과 초점과 목표를 잃어버릴 때, 결국 방황이 끝나지 않는 것이다.

하나님은 우리에게 더 잘하기를 바라지 않으신다. 우리 스스로 거룩하길 기대하지 않으신다. 왜냐하면 우리는 출생부터 '진노 아래 놓인 죄인'이기 때문이다. 어려서부터 생각하는 모든 것이 육신적이고 악한 우리이다. 주님은 우리가 스스로 설 수 없는 죄인임을 인정하기를 바라신다. 그래서 우리를 죄와 저주에서 건져 주시고 변화시키시고 은혜 주실 주님을 구하고 의지하라고 말씀하신다.

어느 날 교역자실 책상에 앉아 있는 내게 성령께서 갑자기 물으셨다.

"너는 오늘 내가 모든 사역을 내려놓고 떠나라고 하면 순종하겠느냐?"

난 당황했다. 갑작스런 성령님의 음성에 당황했고, 성령님의 질문에 아무 대답을 못 하는 자신을 보면서 크게 당황했다. 주님의 뜻에 조금도 망설임 없이 순종하는 것이 당연하다고 생각하던 내가 정작 아무 대답도 못 하고 머뭇거리다니, 뭔가 크게 잘못되어 가고 있다는 생각이 들었던 것이다.

'도대체 나는 누구인가? 무엇을 바라보고 붙들고 있는가? 무엇을 위해 살아가는가?'

리차드 범브란트(Richard Wurmbrand) 목사의 별명은 '살아 있는 순교자'이다. 1948년, 루마니아가 공산화되던 해, 범브란트 목사는 루마니아 비밀경찰에 의해 감옥에 수감된다. 교계의 유명인이자 큰 교회 목사인 범브란트를 배교시키기 위해 루마니아 경찰은 20년 동안 갖은 고문과 정신적인 학대를 가했다. 처음 감옥에 투옥된 범브란트 목사는 몇 년간 독방에 수감되었다. 어떤 사람과의 만남과 대화도 없었고, 매일 보는 것은 회색 콘크리트 벽뿐이었다. 범브란트 목사는 색이 존재한다는 사실도 잊어버리기 시작했다. 그리고 자신이 유명한 기독교계의 인물이며 큰 교회 목사라는 타이틀도 다 잊었다.

처음 범브란트 목사는 주님께 이 환란에서 건져 달라고 간절히 기도했다. 그러나 시간이 흐르면서 자신을 환란과 고난 속에 홀로 두시는 하나님을 향해 원망하고 불평하기 시작했다. 범브란트 목사는 자신이 의지하고 붙들었던 것의 근본적인 정체에 대해 고민했다.

어느 날 깊은 침묵과 고독 속에 있는 범브란트 목사에게 성령님의 음성이 들렸다.

"너는 누구냐?"

범브란트 목사는 대답했다.

"저도 제가 누군지 모르겠습니다."

범브란트 목사는 모든 것이 제로가 된 상황에서 예수님 안에서 자신의 존재의 기초와 정체성을 새롭게 세우기 시작했다. 그때부터 어떤 환란과 고난도 흔들지 못하는 예수의 사람, 살아 있는 순교자가 되었다.

예수님의 교회, 예수님의 제자, 하나님의 자녀요 백성인 우리 존재의 근거와 기초는 예수님으로부터 우리에게 주어진 믿음이요, 영적 생명이다. 그런 우리는 주님의 말씀을 붙들고 주님의 이름을 부르며, 성령님의 인도하심을 받고, 주어진 우리 시간 속에서 주님과 함께 걸으며 주어진 부르심과 사명에 헌신해야 한다. 그것을 깨닫고 내 존재의 기초의 정체성을 새롭게 세우던 무렵, 또 다른 주님의 시간과 시즌이 다가오고 있었다.

미국이라는 광야에서

온누리교회에서 여러 가지 실무 책임을 맡아 사역하면서 시간이 바쁘게 지나가고 있었다. 그러던 중 생각지 못한 어느 저녁, 성령님이 내게 두 가지를 말씀하셨다. 첫 번째는, 무대에서 나를 내려가게 하시겠다는 것이었고, 두 번째는, 아무도 나를 모르는 자리로 보내시겠다는 말씀이었다.

하나님은 어느 순간 나도 모르게 싹튼 내 안의 교만과 악한 마음을 보게 하셨다. 그럼에도 포기하지 않으시는 하나님이 새로운 부르심으로 인도하시며 완전히 고쳐서 쓰시겠다고 말씀하셨다. 그리고 주님은 심부름을 잘 감당했다고 격려하시며 이제 나라와 나라를 다니며 주님의 불을 전하는 사역을 감당해야 한다고 말씀해 주셨다.

그러면서 "지금의 네 상태로는 쓸 수가 없다"고 말씀하시며, 내게 모든 것을 내려놓고 떠나라고 말씀하셨다. 모든 사람이 무대에 서 있는 너를 바라보고 인정해도 주님이 바라보지 않고 인정해 주시지 않으면 소외받은 자이다. 그러나 모든 사람이 구석에 있는 너를 모르고 인정하지 않아도 주님이 아시고 인정하시면 소외받지 않은 사람이라는 말씀도 덧붙이셨다.

기도 후에 아내에게 주님의 말씀을 나누었다. 아내는 이미 2년 전부터 떠날 날이 올 것이라는 말씀을 받았고 내색하지 않고 기도하고 있었다고 말했다. 그래서 함께 온누리교회를 떠나 어디든 주님이 인도하시는 장소로 순종하여 나아가겠다고 결단했다.

순종하여 떠나기로 결정한 후에 이제 어디로 가야 하는지에 대해 주님께 물으며 기도했다. 주님은 미국으로 가라고 말씀하셨다. 너무나 예상 밖의 응답이었다. 남들이 가기 힘들어하는 선교지나 복음의 미개척지가 아니라 남들 다 가고 싶어 하는 미국에 왜 가야 하는지 의문이 들었다. 주님은 내게 "너에게 미국이 광야가 될 것이다"라고 말씀하셨다.

8

chapter

한 치 앞도 보이지 않는
안갯길에서

믿음으로 산다는 것

지금 생각해 보면 지난 미국에서의 16년은 정말이지 내게 광야 그
자체였다. 광야는 모세를 대표로 한 작은 부족이던 이스라엘을 하
나님의 거룩한 백성과 자녀요 나라로 세우는 장소였다. 이스라엘은
광야 길에서 하나님을 만나 혼인하고, 혼인 서약으로 십계명을 받
았다. 십계명은 축복의 서약이자 죄에 대한 저주와 징계와 심판의
근거가 되었다. 그들은 광야에서 내면의 악함과 연약함을 드러냈
고, 힘든 환경 속에서 부서지고 깨지고 낮아지고 다듬어지고 세워
졌다.

　내게도 이 미국에서의 지나간 시간은, 그리고 지금도 걸어가고
겪어 가고 있는 시간은 연단과 세워짐의 과정이었다. 그랬기 때문
에 미국은 내게 광야와 같았다고 고백하는 것이다. 광야는 주님을

향한 믿음으로만 통과할 수 있다. 또한 주님의 자녀들과 백성을 믿음의 사람으로 연단하고 세우는 장소이다.

주님은 한국을 떠나 미국 LA 공항에 도착하는 비행기에서 믿음에 대해 말씀하셨다.

"너는 지난 10년간 온누리교회에서 성도들에게 무엇이라고 설교하였느냐?"

대학부부터 성인공동체 여러 예배와 집회를 섬기면서 설교할 기회가 늘 주어졌는데, 주님이 그 모든 설교의 메시지에 대해 물어보셨다. '그 많은 설교의 메시지를 어떻게 한마디로 말할 수 있을까?'라고 생각하는 순간 내 안에서 나도 모르게 대답이 나왔다.

"믿음으로 살라고 전했습니다."

그때 주님이 말씀하셨다.

"너도 이제 이곳에서 믿음으로 살아라!"

나는 주님의 이 음성을 들으며 두 가지를 생각했다. 첫째는 '영이신 하나님의 인도하심과 내 안에 주신 영적인 생명으로 사는 것이 곧 내 육적인 생각과 계산을 뛰어넘어 믿음으로 사는 것이겠구나', 둘째는 '미국에서 펼쳐질 삶이 주님이 주시는 믿음이 없으면 살수 없을 정도로 힘들고 어려운 여정이겠구나'였다.

사실 나는 놀랍기도 했고, 걱정이 앞섰다. 그런데 주님은 이 광야의 길을 통해서 내가 깨닫기를 원하시는 것이 있었다. 그것은 '선하신 하나님'에 대한 믿음이다.

여호와께 감사하라 그는 선하시며 그 인자하심이 영원함이로다 시 136:1

선하신 하나님은 인자하신 하나님이시다. 인자하신 하나님은 말씀하시고, 그 말씀이 다 이루어지도록 항상 함께해 주시고 붙들어 주시고 모든 것을 공급해 주시는 분이다. 하나님은 바로 이 선하신 하나님을 내가 믿고 나아가기를 원하셨던 것 같다.

그때부터 하나님의 나를 향한 연단과 훈련이 시작되었다. 그런데 사실 다 지나고 나서 생각해 보니 연단과 훈련이지, 그 무렵 나는 도무지 그런 것을 느낄 수 없었다. 그때부터 내게 아무 일도 일어나지 않았기 때문이다. 그 후로 하나님은 내가 집과 학교만 오가며 하늘만 바라보는 시간을 보내게 하셨다.

그리고 보면 하나님의 연단과 훈련의 방법은 사람의 모습이 다양한 것만큼이나 각각의 형편과 모양에 따라 다른 것 같다. 그렇기에 내가 경험한 것을 획일화해서 다른 사람에게 무차별적으로 적용하고 강요하는 것은 잘못이라고 생각한다. 10년 넘게 새벽부터 새벽까지 쉼 없이 달려온 내게는 차라리 많은 일에 바쁘고 힘든 것이 낫게 느껴졌다. 가만히 주님 앞에 머물고 주님을 기다리며 귀 기울이는 것이 너무나 힘들고 어려웠다.

주님 앞에 잠잠히 머무는 시간을 통해 두 가지 시험과 도전이 있었다. 첫 번째는 그동안 바쁜 사역과 일상 중에 가려졌던 내 내면의 문제들이 드러나기 시작한 것이다. 원망과 불평, 미움과 분노, 거짓과 상처들 앞에 직면하는 고통과 좌절의 시간을 보내야 했다. 다른 사람을 탓하고 자신의 못난 모습에 대해 핑계를 대고 주님 앞에서 자신을 합리화하는 내 민낯이 적나라하게 드러나는 시간이었다. 홀로 마음이 쓰리고 혼란스럽고 몸까지 아플 정도로 힘들고 감당하기 버거웠다.

어느 날 우연히 인터넷 방송으로 한 교회의 기도 시간을 시청하며 기도하는데, 성령께서 강력하게 임재하시며 내 영혼을 만져 주셨다. 나는 깊은 회개와 통곡의 눈물을 흘렸다. 주님은 내게 "다 용서하라"고 말씀하셨다. 사실 내 자신의 부족한 인격으로 인해 사역과 관계 속에서 미숙하게 부딪히고 상처받고 판단하고 미워하는 마음이 내 안에 쌓여 가고 있었던 것이다. 주님은 특정한 사건과 사람들을 넘어서, 다 기억하지 못할 정도로 많은 상황과 순간 속에서 뿌리내려 자라고 있던 생각과 감정, 마음과 상처를 다루기를 원하셨다.

말씀에 순종해 용서하려는데, 그 순간 깨달았다. 나는 누군가를 용서할 자격조차 없는 죄인이었던 것이다. 오히려 남을 판단하고 정죄하고 자기 의에 빠진, 악하고 어두운 사람이었다. 이런 나 자신을 깨닫고 나자 나오는 것은 통곡과 회개뿐이었다.

14 너희가 사람의 잘못을 용서하면 너희 하늘 아버지께서도 너희 잘못을 용서하시려니와 15 너희가 사람의 잘못을 용서하지 아니하면 너희 아버지께서도 너희 잘못을 용서하지 아니하시리라 마 6:14-15

그 회개의 시간을 통해 주님은 나를 자유하게 하셨다. 내 마음속 깊은 쓴물을 단물로 바꾸시는 역사를 행하시고 구원의 기쁨을 회복시켜 주셨다. 자기변명과 핑계 그리고 다른 사람을 탓하고 원망하고 불평했던 모든 부정적 감정과 반응이 사라졌다. 주님의 은혜를 받을 자격 없는 나인데도 용서해 주시고 인정해 주시고 받아 주시는 주님께 감사했다. 한없이 낮아진 마음에서 참을 수 없이 기쁨이 솟아났다. 사람들에 대해서도 한 영혼 한 영혼을 향한 주님의 사랑과 주님의 불쌍히 여기시는 마음과 존귀히 여기는 마음으로 평안해졌다. 주님은 믿고 순종하고 엎드리는 내게 스스로의 악함을 볼 수 있는 눈을 주시고, 감사는 물론 영혼을 사랑하는 마음까지 넘치도록 부어 주셨다.

정확한 때에 베푸시는 하나님

회개와 용서의 시간을 보내고 평안이 찾아오자, 다음에는 재정에 대한 어려움이 밀어닥쳤다. 아내는 내가 교회에서 사역하며 받아 온 월급을 알뜰하게 모아 주었지만, 1년이 채 안 되는 11개월이 지나자 모든 재정이 바닥나고 말았다. 우리는 매달 재정 위기와 어려움에 직면했다.

떠나라는 주님의 음성에 순종하고 떠났다. 그런데 하나님은 사역의 길도 열어 주지 않으시고 그저 머물며 주님만 바라보라고 말씀하셨다. 내가 할 수 있는 것은 그 음성에 순종하며 기다리는 것뿐이었다. 누구에게 가서 손을 벌릴 수도 없었다. 아무리 생각하고 헤

아려도 재정이 채워질 방도가 없는 상황이었다.

그런 와중에 사는 집의 렌트비는 다달이 청구되었고, 각종 공과금을 내야 했다. 이사 갈 비용조차 없어서 더 싼 집으로 옮길 엄두도 낼 수 없었다. 3개월마다 학비를 내야 하는 상황도 너무나 감당하기 어려웠다. 이런 생활고는 가장으로서 견디기 힘든 부담이었다. 그때 아내가 기도 중에 들었다며 말씀 한 구절을 메모지에 적어 주었다.

> 31 그러므로 염려하여 이르기를 무엇을 먹을까 무엇을 마실까 무엇을 입을까 하지 말라 32 이는 다 이방인들이 구하는 것이라 너희 하늘 아버지께서 이 모든 것이 너희에게 있어야 할 줄을 아시느니라 33 그런즉 너희는 먼저 그의 나라와 그의 의를 구하라 그리하면 이 모든 것을 너희에게 더하시리라 마 6:31-33

주님만을 믿음으로 따라가겠다고 결단하고 미국에까지 왔지만, 막상 생활의 어려움이 현실로 닥쳐오자 하나님은 내 티끌 같은 믿음의 본모습을 적나라하게 보여 주셨다. 만약 그때 가장 가까운 동역자인 아내가 함께 기도하며 믿음으로 지지하고 격려해 주지 않았다면 중도에 포기했을지도 모르겠다.

결국 주님은 "성도들에게 네가 설교한 대로 이제 네가 그 믿음으로 살아라"라고 하신 말씀의 진짜 의미를 가르쳐 주셨다. 선하신 주님이 누구신지 보여 주시고 경험케 하시고 깨닫게 하셨다. 주님은 우리를 골탕 먹이고 힘들게 하시는 분이 아니다. 선하신 주님을 믿는 믿음 가운데 우리를 세우기를 원하신다.

아내의 기도처럼, 선하신 주님은 생각지도 못한 방법으로 매달 우리의 재정을 채워 주셨다. 한번은 장로님 한 분으로부터 연락이 왔다. 최근 암 진단을 받았고, 수술을 했다고 했다. 그 일로 보험금을 탔는데, 수술하고도 돈이 남기에 이것을 어떻게 쓸까를 놓고 기도하던 중에 갑자기 내 이름이 떠올랐다는 것이다. 그러면서 그 돈을 내게 보내 주었다. 생각지 못했던 일이었다. 장로님의 건강이 염려되었지만, 다행히 수술도 잘 되고 이후 치료가 순적하게 이루어져 아직까지 건강을 잘 유지하고 계시다.

재정적으로 가장 어려웠던 시간들 속에서 주님은 교회와 동역자들의 도움도 받게 하셨다. 어느 날 은행에 지불해야 하는 돈 300달러가 모자란 상황이었다. 아내는 아무런 내색을 하지 않고 기도만 하고 있었다. 그런데 그날 당시 시카고 온누리교회 담당으로 사역하던 이해영 목사님으로부터 편지가 도착했다. 그 편지에는 주님이 생각나게 하셔서 편지를 보냈다며 함께 기억하며 기도한다고 힘내라는 위로의 글과 함께, 현금 300달러가 들어 있었다. 아내는 소리 없이 울며 주님께 감사를 드렸다.

재정적으로 꽉 막혀 있을 때, 얼바인 온누리교회 담당이자 미국 온누리비전교회 본부장이었던 박종길 목사님으로부터 연락이 왔다. 온누리교회가 앞으로 6개월간 재정적인 지원을 하기로 했다고 전해 주었다. 교회와 동역자들의 사랑에 깊은 감동과 감사의 시간이 되었다. 그때 주님이 내 마음속에 깨닫게 해주신 것이 있다.

나 역시 '또 다른 사람을' 돌아보고 섬기고 버팀목이 되어 주라는 말씀이었다.

이렇게 하나님은 미국에서 첫 번째 대학원 과정을 마치는 3년 동안 매달 놀라운 방법으로 우리의 부족한 재정을 채워 주셨다. 마치 엘리야가 사렙다 과부 집에서 기근의 시간을 지낼 때 밀가루와 기름이 떨어지지 않았던 것처럼, 하나님은 3년의 시간을 채워 주시고 지나가게 하셨다.

마지막 두 학기에는 학비가 아예 없었다. 유학생은 학비를 못 내면 학교 등록이 안 되고 추방을 당한다. 그런데 기도 중에 학교에서 전화가 왔다. 이번 학기부터 학교 정책이 바뀌어서 먼저 등록하고 학비는 추후에 납부해도 된다는 메시지였다. 특별히 담당자는 한 학기에 한해서만 편의를 봐준다고 몇 번이나 강조했다.

그런데 다음 학기도 생활은 근근이 유지하는 수준이었고, 학비를 낼 형편이 되지 않았다. 나는 여전히 학비를 놓고 기도하고 있었다. 그런데 또 학교로부터 전화가 왔다. 이번에도 정책이 바뀌었다면서 두 번까지 편의를 봐준다고 했다. 문제는 학교 과정은 마쳤지만 학비 미납으로 졸업식에 참석할 수는 없었고, 신학교와 추심팀으로부터 계속해서 걸려 오는 독촉 전화를 받아야 했다.

하루는 기도하려고 의자에 앉는데 내 속의 영이 "하나님 주셔서 감사합니다"라고 고백하는 소리를 들었다. 아무것도 해결된 것이 없고 해결될 기미도 보이지 않는데 뭐가 감사하다는 것인지 의아하고 불평이 나왔다. 그렇지만 하나님은 내 육신으로는 볼 수 없고 들을 수 없고 믿을 수 없는 것을 주님이 주신 영적 생명으로는 볼 수 있고 들을 수 있고 믿을 수 있게 하신다. 우리의 믿음은 예수님의 말씀을 들음으로 생기고, 믿음은 하나님이 주시는 선물이다. 따라서 믿음은 내 경험이나 느낌, 생각, 판단으로 이루어지는 것이 아니다. 영이신 하나님이 우리에게 말씀하실 때 공급하실 것을 믿는 것, 영적인 믿음이야말로 주님이 주시는 믿음이다.

주님은 2주 안에 필요한 재정의 5배를 채워 주셨다. 어떤 '기적적인 사건'이 있었던 것이 아니다. 너무나 명백하게 주님의 사람들에게 역사하셔서 문제를 해결해 주셨다. 갑자기 사람들로부터 연락이 오기 시작했다. 어떤 분들은 갑자기 내 생각이 났다면서 연락을 주었고, 만나는 분마다 선교헌금이라며 금일봉을 쥐여 주었다. 몇 년간 연락이 끊어졌던 사람들과 연결되기도 했다. 그런 식으로 2주 만에 모든 재정적 문제가 해결되었다. 이 사건을 통해 내 인생의 주인과 내가 헌신할 사역의 주관자가 우리 주님이시라는 사실을 깊이 깨달았다.

열왕기상 17장에는 생존의 위기에 처한 하나님의 사람들이 놀라운 경험을 한 사건들이 나온다.

> 길르앗에 우거하는 자 중에 디셉 사람 엘리야가 아합에게 말하되 내가 섬기는 이스라엘의 하나님 여호와께서 살아 계심을 두고 맹세하노니 내 말이 없으면 수 년 동안 비도 이슬도 있지 아니하리라 하니라 **왕상 17:1**

이 구절에서는 선지자 엘리야를 소개하고 있다. 그런데 선지자 중에서도 최고라 일컬어지는 엘리야의 소개로는 어딘지 빈약해 보인다. 단지 그가 어느 지방 출신인지에 대한 소개가 전부이다. 그러나 여기에는 엘리야의 인생을 통해 보여 주기 원하시는 주님의 메시지가 담겨 있다.

길르앗은 이스라엘 지역에서 거의 산골벽지에 해당하는 지역이다. 그런 길르앗 중에 디셉이란 지역은 그중에서도 최고의 '촌구석'이다. 그러니까 이스라엘 최고의 대표 선지자 엘리야는 한마디로 아무도 주목해 보지 않는 시골 사람이었다. 그러나 주님의 손이 그를 붙들어 함께하실 때, 엘리야는 기적의 사람이요 하늘의 권세와 능력의 통로로 세워졌던 것이다. 주님은 엘리야의 이력서와 소개서를 우리에게 보여 주시면서 강력하게 말씀하신다.

"다른 사람을 부러워하거나 자신을 비하하면서 두려워하고 있는가? 주님만 바라보며 담대하라!"

우리 삶은 마치 파도가 치듯 문제와 위기가 굽이굽이 이어진다. 내 자신의 악함과 연약함이 자초하는 수많은 고난과 위기도 계속된다. 주님은 이 모든 것을 통해서 우리가 주님을 알게 되고 주님께 더 친밀하게 나아오기를 원하신다. 주님은 우리 삶의 모든 초점을 돈과 쾌락과 명예와 성공이 아니라 만물의 주관자며 구원자이신 전능하신 주님께 두기를 바라신다. 주님을 즐거워하며 주님의 뜻에 기쁘게 순종하기를 원하신다.

또한 주님은 믿을 수 없는 것을 믿으라고 하지 않으신다. 선하신 하나님은 나의 기업 되시고 나를 사랑하시고 인도하시는 전능하신 주님을 믿으라고 말씀하신다. 나와 상황을 믿는 것이 아니라 나를 변화시키시고 상황 속에서 역사하시는 주님을 믿으라고 말씀하신다. 믿음으로 사는 길이 주님의 생명으로 사는 길이고 구원의 길이기 때문이다.

> 너희가 육신대로 살면 반드시 죽을 것이로되 영으로써 몸의 행실을 죽이면 살리니 **롬 8:13**

성경에서 말하는 영은 신비한 세계와 그 현상을 의미하는 것이 아니고, 영이신 하나님과 그분께 속한 것을 말한다. 반대로 육은 하나님 없이 사는 모든 것, 하나님께 속하지 않은 모든 것을 말한다. 다시 말해 생명의 근원이신 하나님 없이 육신대로 사는 삶은 생명이 없는 길이요 죽음의 길인 것이다. 영이신 하나님을 믿는 믿음으로 사는 삶은 하나님 없이 사는 몸의 행실과 습관과 방향성을 극복하고 우리를 영원한 구원 생명의 길로 인도한다.

주님은 단순하게 내가 돈이 필요하니 돈을 주시고 내 필요를 채워 주시는 분이 아니다. 내 생명과 존재의 시작이자 이유와 목적이시고 기쁨과 가치와 의미이다. 내 모든 인생의 상황과 사건들을 통해서 주님은 우리를 아름답고 가치 있게 세워 주신다. 그리고 하나님은 우리가 그런 주님을 만나고 의지하여 동행하기를 원하신다.

정한 시간이 있다는 확신을 주시다

미국에서 대학원 과정을 졸업한 후에 다음 진로를 놓고 주님께 기도하며 여쭈었다.

"주님, 이제 주님 말씀하신 대로 순종하여 이곳에서 3년을 살았습니다. 이제 저와 제 가족은 어디로 가야 합니까? 선교지로 가야 하나요? 한국으로 돌아가야 하나요? 미국에 남아야 하나요?"

사실 이 질문은 세 가지 선택지에 뭔가 준비되었거나 길이 보여서 여쭌 것이 아니었다. 아무것도 보이지 않는 갈림길에서 주님께 올린 질문이었다. 성령님은 한 가지 말씀과 약속을 해주셨다.

"내가 너에게 말하지 않았니? 내가 너희와 함께하고 있다. 내가 너희를 인도하고 있다."

그리고 성령님은 다가오는 재정 문제와 체류 신분 문제, 그리고 불투명한 진로의 문제들 속에서 믿음과 평안으로 인도하셨다.

그 후 우리는 두 달 정도 집 근처 교회에서 사역했는데, 이민 생활이라는 어려운 환경 중에도 귀하게 신앙생활을 이어 가고 있는 여러 성도님을 만나 교제할 수 있었다. 하나님은 선교단체에서 설교와 강의할 기회도 주셨다. 그러나 특별한 진로의 문을 열어 주신 것은 아니었다. 졸업하고도 1년 동안은 또 다른 기다림의 시간이었다. 그렇다고 헛되게 지나가는 시간은 아니었다. 그 시간은 우리가 주님의 선하심을 맛보아 알게 되는 또 다른 은혜의 시간이요 우리를 변화시키는 연단과 훈련의 시간이었다.

주님은 기도하는 중에 하나님의 정한 시간이 있다는 확신을 주셨다. 이스라엘 백성도 가나안에 들어갈 약속을 받은 후에 그 약속이 성취되기까지 준비되는 시간이 필요했다. 그러기 위해 하나님은 그들을 가나안에서 이집트로 이주시키시고, 다시 이집트에서 가나안까지 이동시키셨다. 그 과정에서 이스라엘 백성도 준비되었지만, 가나안 땅도 준비의 시간이 필요했다.

하나님은 한 치 앞도 보이지 않는 안갯길에서 모든 시간 모든 걸음을 인도하고 계셨음을 나와 내 가족이 깨닫게 하셨다. 그리고 계속해서 기도 가운데 인내하라고 말씀하셨다. 우리는 약속이 성취되는 시간까지 믿음으로 인내하며 준비하며 기다려야 함을 깨달았다.

주님은 이 기다림의 시간을 통해서 우리 부부를 더욱 주님께 집중하게 하시며 가지치기 작업을 하셨다. 그 결과 생각지도 못한 교회 개척의 길로 인도하셨고, 교회 개척 후엔 응급실 교회와 터미널 교회로서 노방전도와 한 영혼을 돌보는 치유와 회복 사역으로 인도하셨다. 이 과정 속에서 필요한 동역자들도 보내 주셨다. 재정도 정확한 타이밍에 적절하게 채워 주셨다. 내 한계에 주저앉아 있지 않고 내 생각과 계산을 넘어서 주님의 뜻과 비전대로 인도하시고 역사하셨다.

나는 너무나 연약하고 부족하지만, 성령님은 항상 모든 것을 말씀하시고 말씀하신 대로 이루어 가신다. 나는 미국이라는 낯선 땅에서 선하신 하나님을 만나고 경험했다. '사람의 교회'가 아니라 '예수님의 교회'이기에 성령님께 묻고 순종하며 교회의 길을 걸을 수 있었다.

Part. 4
다시 부흥의 시대로

9

chapter

누가 너를 준비시켰느냐

네가 영어를 잘해서 미국 거리에서 전도했느냐

어느 날 교회 개척을 준비하는 원 목사님과 사모님이 상의도 하고 탐방도 할 겸 우리 교회 주일예배에 참석했다. 원 목사님은 미국에서 대학원 과정을 함께했던 아주사퍼시픽대학교에서 만났다. 그분은 서울대학교를 졸업하고 사업을 하다가 주님이 주의 종으로 부르셔서 모든 것을 다 내려놓고 헌신한 귀한 분이다.

특별히 사모님은 이민 전문 변호사 사무실에서 사역하고 있고 많은 목사님의 이민 수속을 신실하게 도와주고 있었음을 나중에 알게 되었다. 마침 그 무렵 나는 영주권이 없었기 때문에 진로에 대해 주님께 완전히 맡기고 기도하고 있었다. 한 걸음 한 걸음 주님께서 인도하시는 대로 순종하며 나아가겠다고 결단하고 미국에 왔기에 갈 바를 알지 못하는 아브라함처럼 주님의 인도하심을 기다리고 있는 상황이었다. 그런데 원 목사님 사모님과의 만남을 계기로 이민 신청을 할 수 있는 여러 준비가 가능해졌다. 덕분에 이민 수속이 실질적으로 진행되었고, 이민 영주권을 받게 되었다. 사실 그동안 어떻게 이민 수속을 진행할지도 막막해서 엄두를 내지 못했고, 필요한 재정도 없는 상황이었다. 그런데 주님은 내 모든 삶의 여정 속에서 앞서 행하시며, 도울 분을 예비하여 보내 주셨다.

무엇보다 이 사건은 앞으로 내가 어디에서 살아야 하고 무엇을 해야 하는지에 대한 부르심을 깨닫는 계기가 되었다. 이민 수속 과정에서 인도함을 구하며 기도하는 가운데 이민자로서 미국에 완전히 정착하는 것은 일본을 비롯한 열방 선교를 위한 것이라는 성령님의 음성을 듣게 된 것이다. 특별히 주신 마음은 일본 땅이었다. 사실 일본은 한국 온누리교회에서 사역할 때부터 러브소나타와 아웃리치를 통해 자주 다녀오기는 했었다. 눈물로 일본 영혼을 위해 기도했고, 그때마다 주님의 마음을 깊이 느끼곤 했다. 하지만 주어진 일이 있으면 땀 흘려 수고는 했어도 그 땅을 향한 마음이 각별했던 것은 아니었다. 그래서 이민 수속에 앞서 기도할 때 주신 성령님의 음성이 의아하기만 했다.

그 음성이 있고부터 그동안 풀리지 않았던 영주권 수속이 일사천리로 승인이 났다. 그리고 성령님은 일본 선교에 대해 순종할 것을 계속해서 요구하셨다. 내가 아는 일본어라고는 "곤니치와(안녕하세요)! 예수 기리스도 신지테 구다사이(예수님 믿으세요)!"밖에 없는데, 게다가 온누리교회를 떠난 지 10년이 되었는데 이게 무슨 일인가 싶었다. 그동안 미국 구석 거리와 마켓 주차장을 떠돌아다니며 전도하고 노숙자분들을 섬기느라 일본을 신경쓸 겨를이 없었다. 알고지내는 목회자 한 사람, 연결된 교회 하나가 없었다. 이런 답답한 상황에서 일본 선교를 갈 재정도 없는 상황이었다. 마음이 너무 어려웠다. 그런데 성령님은 근심 걱정하는 내게 말씀하셨다.

"네가 영어를 잘해서 미국 거리와 마켓에 나가서 전도했느냐?"

"아닙니다. 그냥 가라고 하셔서 순종해 나갔을 뿐입니다. 보내주신 영혼들을 만나서 복음을 전할 때, 성령님이 할 말을 생각나게 하시고 소통이 이루어지게 하셨습니다. 부족하지만 할 수 있는 한에서 충분히 전도하고 노숙자들을 섬길 수 있었습니다."

성령님은 또 말씀하셨다.

"네가 재정이 준비되고 충분해서 가서 전도하고 구제하였느냐?"

"아닙니다. 나는 돈이 없었지만 순종할 때 주님이 모든 쓸 것을 공급해 주셨습니다."

"내 교회를 위한 동역자와 재정은 누가 준비했지?"

"주님이 하셨습니다."

"그래 맞다. 그렇다면 일본과 한국 그리고 열방에 나가지 못할 이유가 무엇이냐?"

나는 완전히 나가떨어졌다. 분명 사람들은 교인도 없는 교회 목사가 또 무슨 일을 벌이느냐고 비웃을 것이다. 그러나 나는 성령님이 던지시는 질문에 변명 한 문장 달지 못했다.

손경민 목사의 "충만"이라는 찬양이 있다. 그 찬양의 가사가 열방을 향한 이 '황당한' 부르심 앞에서 내 대답과 고백이 되게 하셨다.

무명이어도 공허하지 않은 것은
예수 안에 난 만족함이라
가난하여도 부족하지 않은 것은
예수 안에 오직 나는 부요함이라
고난 중에도 견뎌 낼 수 있는 것은
주의 계획 믿기 때문이라
실패하여도 일어설 수 있는 것은
예수 안에 오직 나는 승리함이라
난 예수로 예수로 예수로 충만하네
영원한 왕 내 안에 살아 계시네

가을날 교토의 토요일 오후

영주권이 나오고 성령님의 부르심에 순종하기로 결단한 후에 기도를 시작했다. 그러다가 우연히 SNS에 올라온 글 하나를 보게 되었다. 온누리교회 대학청년부 본부에서 사역할 때 함께 사역했던 권영환 목사님의 소식이었다.

권영환 목사님은 청년시절부터 사모님과 온누리교회에서 일본어예배를 섬겼고, 대학청년부를 거쳐서 일본 비전교회 목회자로 파송되었다. 일본 여러 비전교회에서 귀하게 교회를 세우고 섬긴 후에 조이어스교회로 사역지를 옮겼는데, 나와는 연락이 10년간 끊어진 상태였다. 그런데 그 권영환 목사님이 수년이 지난 후에 다시 온누리교회 일본 비전교회인 교토온누리교회 담당 목사님으로 부임했다는 소식을 들었다. 권영환 목사님에게 SNS 메시지로 연락을 드렸고, 흔쾌히 방문을 허락해 주었다.

성령님은 내게 일본과 함께 한국에도 가서 전도하라고 말씀하셨다.

"주님, 한국에 교회도 그렇게 많은데 저더러 전도하라고요? 그리고 일본에서도 옴진리교나 노방전도하지, 일본 문화가 그러한데 누구도 전도지조차 받아 가지 않을 텐데요?"

질문도 많았고 다 알 수는 없었지만 순종하기로 했다. 한국어와 일본어로 된 만화 전도지를 준비하여 캐리어에 가득 싣고 갈 바를 알지 못하는 심정으로 10년 만에 다시는 갈 일이 없을 줄 알았던 일본과 한국을 향해 출발했다.

토요일 오후, 교토온누리교회에 도착했다. 권영환 목사님이 내게 물었다.

"일본에 왜 온 거예요?"

사실 나도 궁금한 질문이었지만, 성령님께 순종하는 마음으로 대답했다.

"전도하려요."

권영환 목사님은 잠깐 생각하는 듯하더니 "그럼, 해요"라고 말해 주었다.

나는 바로 일본어 만화 전도지를 가방에 가득 채워 넣고 혼자 거리로 나섰다. 기도하면서 거리를 걸으며 성령님의 인도하심을 구했다. 몇 분 거리에 있는 작은 기차역인 니시쿄고쿠 역에 도착했다. 전도를 시작하려고 하는데 성령님이 역의 후문 쪽으로 가라고 말씀하셨다.

"이 작은 역의 정문에서 후문으로 가라고요? 사람이 더 없을 텐데요?"

그렇지만 이번에도 내가 할 수 있는 것은 순종이었다. 나는 순종하여 지하 굴다리를 통해 역의 후문으로 갔다. 생각했던 대로 아무도 없는 외진 거리였다. 그런데 갑자기 건너편 육교를 통해서 수많은 사람이 건너오기 시작했다. 그리고 그들 대부분은 내가 건네는 전도지를 받아 갔다. 나는 쉴새 없이 "곤니치와! 예수 기리스도 신지테 구다사이!"라고 외치며 전도지를 한 사람 한 사람 손에 쥐어 주었다.

조금 후에 한 무리의 초등학생 축구부 아이들이 몰려왔다. 대부분 아이들이 나를 경계하며 피해서 가는데, 한 남자아이가 달려와 내게 물었다.

"난데스까(뭐예요)?"

나는 또 녹음기처럼 말했다.

"곤니치와! 예수 기리스도 신지테 구다사이!"

아이는 빙그레 웃으며 만화 전도지를 받고는 밝게 외쳤다.

"아리가토 고자이마스(감사합니다)!"

그러고는 또래 축구부 아이들에게로 뛰어가서 받은 전도지를 보여 주었다. 그 순간 스무 명 가까운 아이들이 한꺼번에 내게로 달려와 손을 내밀며 자기도 달라고 소리쳤고, 이내 전도지를 받아 들고는 고맙다며 밝게 웃으며 달려갔다.

4시간 가까이 어린아이부터 어르신들까지 많은 영혼을 만날 수 있었고 대부분의 사람들이 전도지를 받아 갔다. 마치 폭풍이 몰아치는 것 같은 경험이었다. 무엇보다 많은 사람과의 짧은 만남 속에서 성령님의 강한 감동을 느꼈다. 정말 기쁨이 넘치는 시간이었다.

성령님이 보내셔서 서 있던 장소는 니시쿄고쿠 종합 경기장 공원 입구였다. 그 경기장 공원에는 야구장, 축구장, 육상경기장, 실내 체육관 등의 종합 시설이 있었고, 토요일 오후에 관서지역 대학생 야구대회를 비롯한 각종 경기가 열리는 시간이어서 많은 사람이 모여 있었다. 그리고 성령님이 보내셔서 전도하던 그 자리가 경기장 입구의 육교를 통해 역의 후문과 연결되어 있어서 경기장에서 내려오는 사람들을 만날 수 있는 자리였다. 어떻게 생각해 보면 낯선 이방인을 경계하며 지나갈 수 있는데 성령님이 역사하셔서 많은 분이 전도지를 받아 가 주었다. 그중 몇 명에게는 영어로도 예수님을 전할 수 있었다.

권영환 목사님이 자전거를 타고 나를 찾아왔다. 내가 일본어도 못하고 문화와 지역에 익숙하지 않은 데다가 사람들이 호의적이지 않아서 얼마 있다가 돌아올 줄 알았는데, 몇 시간이 지나도 돌아오지 않자 찾으러 나왔다고 했다. 오는 길에 건너편으로 건너가서 쓰

레기통을 확인했다고도 했다. 일본 사람들은 눈앞에서는 예의와 격식을 차리느라 친절하게 전도지를 받았다가도 근처 거리에 쓰레기통이 보이면 버리기 일쑤기 때문이다. 권영환 목사님은 근처 쓰레기통이 버려진 전도지로 수북할 것이라고 생각했는데, 거의 보지 못했다면서 놀라워했다.

　권영환 목사님은 성령님이 역사하신다는 생각이 든다면서 앞으로도 계속 방문할 수 있도록 환영해 주었다. 내가 생각해도 언어나 문화도 모르고, 지역 상황도 모르는 사람이 전도하겠다고 나타나면 받아들이기 쉽지 않다. 그러나 권영환 목사님과 사모님은 넓은 마음으로 성령님의 역사와 인도하심을 인정해 주고 환대해 주었다.

지금도 교토에서의 그 가을날 오후가 생각난다. 예상치도 못했던 수많은 영혼과의 만남. 그렇게 성령님은 일본에서의 순회 사역을 시작하게 하셨다.

일본 거리에서 만난 한 영혼

성령님은 은혜로운 기적의 역사는 한 영혼으로부터 시작할 것이라는 확신을 주셨다. 작은 물방울이 모여 강을 이루고 바다를 이루듯이, 하나님은 다시금 광야에 강을 내시는 분이다. 또한 부흥의 은혜는 한 영혼의 인생에서부터, 한 소그룹과 한 공동체로부터 시작하길 원하신다. 그 일을 위해 한국과 일본과 열방으로 보내셔서 한 영혼을 만나게 하신다. 성령님 안에서 말씀과 기도 가운데 비전을 함께 꿈꾸는 한 소그룹, 한 교회 공동체를 세우라 하신다. 하나님은 이렇게 내게 부흥의 불을 놓으러 다니라고 말씀하셨다.

성령님은 빌립 집사에게 어떤 만남도 기대하고 예상할 수 없는 광야로 가라고 명령하셨다. 빌립 집사가 순종했을 때 하나님은 말씀 한 구절을 붙들고 고민하던 에디오피아 비서실장을 만나게 하셨다. 하나님은 내가 순종하며 나아갈 때 예수님을 모르는 영혼, 영적 목마름 가운데 있는 한 사람을 예비하시고 만나게 하셨다. 그뿐만 아니라 주님이 부흥을 기대하시는 교회와 성도들과 예상치 못한 만남으로 인도해 주셨다.

성령님의 인도하심을 구하며 교토 시내 곳곳을 다니며 전도하다가 '고쇼'라고 부르는 옛 교토 황궁 근처 거리에서 쿄코라는 50대 여성을 만났다. 강아지 산책을 시키러 나왔다가 나를 만난 것이다. 성령님이 그녀의 마음을 열어 주셨고, 쿄코는 자신에 관한 많은 얘기를 나에게 나누어 주었다. 어릴 때 상처와 삶의 무게로 인해 겪은 고통에 대해서 말해 주었다. 전도하다 보면 처음 만난 자리에서도 마음을 열고 깊은 삶의 나눔으로 인도해 주실 때가 있다. 성령님이 영혼들을 터치하고 만지시는 것이다. 그럴 때 그들은 삶의 치유자 되시고 구원자 되시는 예수님의 복음에 대해 마음과 영적인 귀를 열고 받아들인다. 그야말로 성령님의 역사이다. 이날도 성령님이 쿄코의 마음을 만지신다는 것을 알 수 있었다. 그녀가 데리고 나온 강아지가 너무나 짖어대서 대화하기가 어려운 상황이었음에도 쿄코는 강아지를 품에 안고 대화를 계속 이어 갔다. 나는 쿄코의 영적 아버지 되시고 희생 제물 되신 예수님에 대해 나누었다.

　쿄코는 나에게 물었다.

　"다른 종교와 당신이 말하는 기독교의 차이는 무엇입니까? 종교는 다 똑같은 것 아닙니까?"

　"네 맞습니다. 종교는 다 똑같아요. 종교는 사람이 자신을 위해서 만들고 믿는 신과 교리와 의식과 시스템입니다. 그래서 내가 더 이상 믿지 못할 이유가 생기면 종교적 믿음은 바꿀 수도 있고 버릴 수도 있어요. 하지만 여호와 하나님과 예수님을 믿는 믿음은 사람에게서 시작된 것이 아닙니다. 그래서 내 인생에 어려움과 고통이 오고 심지어 죽음이 다가와도 그 믿음은 나를 그 어려움과 고통과 죽음도 통과하고 이기게 합니다. 이것이 종교적인 믿음과 여호와 하나님이 주시는 믿음의 차이라고 생각합니다."

나는 이어서 내 삶의 이야기를 함께 나누었다.

"저도 제 인생에 고통스럽고 죽고 싶은 많은 사건과 시간이 있었습니다. 그러나 그 속에서 하나님은 저를 살게 하고 여전히 꿈꾸게 하고 이기게 하십니다. 이 믿음은 나로부터 시작된 것이 아닙니다. 만물과 내 생명의 창조자와 구원자가 주신 믿음입니다. 쿄코 씨도 여호와 하나님과 예수님을 마음으로 받아들이고 믿게 되기를 축복합니다."

그녀는 눈물을 흘리며 내게 말했다.

"너무나 감사합니다. 저도 이 믿음을 받게 되기를 원합니다."

나는 쿄코에게 전도지와 함께 축복기도해 주고 천국에서 다시 만나자고 인사하며 헤어졌다. 성령님이 쿄코를 믿음의 공동체와 연결해 주시고 천국에서 다시 만나기를 간절히 기도하고 있다.

만나게 하시고 동역하게 하시는 은혜

교토역 근처에서 전도하고 있는데, 일본 관서지방 온누리비전교회 사모 모임을 마치고 돌아가는 사모님들을 우연히 만났다. 일본 비전교회 본부장 목사님인 오사카온누리교회 이영선 목사님의 아내인 쿄코 사모님이 내게 "이은호 목사님! 왜 우리 교회는 안 오세요?" 하고 말을 걸어 주었다. 개인적으로 이영선 목사님과는 온누리교회에서 오며 가며 인사만 했지, 개인적으로 한 번도 교제한 적이 없었고, 더구나 일본 분이신 쿄코 사모님과는 인사도 한번 한 적이 없었다. 그래서 사모님이 내게 아는 척을 해준 것이 생소했지만 참 감사했다.

결혼 전 유치원 선생님으로 일하던 쿄코 사모님은 일본의 청년과 차세대 선교에 큰 열정으로 헌신하고 기도하는 성령의 사람이었다. 이영선 목사님과는 선교사의 심장으로 일본 비전교회를 섬기는 귀한 사역을 감당하고 있었다. 그런 분이 일본말도 모르는 돈키호테 같은 무명의 거리 전도자인 내 소식을 듣고 성령의 역사하심을 느끼고 이영선 목사님이 담당하는 교회로 초청해 주었다.

오사카온누리교회 건물이 위치한 곳은 오사카의 유흥가의 중심인 미나미구이다. 그런데 이 유흥업소에서 일하는 사람들의 자녀들이 다니는 초등학교가 그 중심에 있다. 그리고 여러 사연으로 편부모 자녀들이 많은 곳이기도 하다. 이 어린 영혼들을 위한 '교회 식당' 사역이 시작되었다. 전혀 교회에 다녀 본 적이 없는 수십 명의 아들은 학교를 마치면 '교회 식당'으로 달려왔다. 프로그램이 있는 목요일만이 아니고 하교 후 매일 교회에서 시간을 보냈다. 밤늦게까지 집에 홀로 있거나 유흥가 거리를 헤매던 아이들이 주님의 사랑을 경험한 오사카온누리교회로 모이기 시작한 것이다.

갖가지 사건도 일어났다. 목사님의 지갑에 손을 댄 사건, 교회 창문을 열고 행인에게 물폭탄을 던진 사건, 교회 벽에 구멍을 뚫은

사건, 교회 건물 곳곳을 놀이터처럼 뛰어다니는 아이들. 목사님과 사모님 두 분과 오사카온누리교회 스태프들과 성도들은 이 아이들을 사랑으로 품었다. 아이들은 목사님에게 자신의 아빠가 되어 달라고 수줍게 고백하고 어디로 떠나지 말라고 부탁하기도 했다.

아이들은 교회에서 열리는 모든 예배, 집회, 세미나와 스태프 모임과 생일파티까지 다 참여했다. 그리고 좌충우돌, 사고뭉치 같은 아이들 가운데 은혜가 임하고 예수님을 믿고 예배하고 세례받는 역사가 일어나기 시작했다.

매주 목요일 밤 '교회 식당' 프로그램이 끝나고 나면 이영선 목사님과 쿄코 사모님이 참석한 아이들을 다 모아서 유흥가에 위치한 집까지 데려다주었다. 자전거를 끌고 유흥가 불빛 아래 사랑으로 아이들을 이끌고 가는 두 분의 모습을 보고 성령님이 얼마나 기뻐하셨을까. 나도 큰 감동을 받았다.

나는 오사카온누리교회에 초청을 받아 청년부 여름 수련회를 인도하고 성령집회와 주일예배를 섬겼다. 또 일본에 파송된 온누리교회 선교사님들, 집사님들과 함께 노방전도 사역도 하게 되었다. 일본에서 이민자로 힘겨운 삶을 살아가는 오사카 성도님들과 일본인 성도님들을 함께 모아 전도 세미나도 인도했다. 성령님은 세미나를 인도하는 가운데 말씀을 통해 큰 도전을 주시고 기도 시간에 큰 은혜를 베풀어 주셨다. 눈물과 감동의 시간이었다. 눈물을 흘리며 다시금 주님을 기대하며 주님의 이름을 믿음으로 부르는 성도님들을 보며 나 역시 큰 도전과 감동을 받았다. 역사하시는 성령님을 찬양했다.

이영선 목사님은 일본의 다른 온누리 비전교회와 성도님들에게도 영적으로 큰 도움을 줄 것이라며, 그들과도 연결해 주었다. 그래서 나고야온누리교회, 동경온누리교회, 요코하마온누리교회, 야치오온누리교회에도 성령집회와 주일예배에서 말씀을 전하는 등, 성도님들을 위해 말씀과 기도로 섬기는 기회가 열렸다. 핍박자요 추천받지 못할 사도 바울을 안디옥교회에 소개한 바나바와 같이 성령님은 이영선 목사님과 여러 신실한 주님의 종들을 통해 나를 일본에 있는 여러 교회에 연결해 주시며 사역을 확장시키기 시작했다.

미국 거리에서 함께 전도하던 정 목사님을 통해서 일본에 있는 츠쿠바기독사랑의교회 채연배 목사님과 니시노미야기독교회 곽보경 선교사님과도 연결되었다. 이렇게 하나님은 일본에서 한 영혼에게 복음을 전하고 제자를 삼아 하나님 나라의 복음을 위한 헌신자로 세우고 주님의 몸 된 교회를 세워 가는 기적 같은 선교의 현장을 보게 하셨다. 또한 일본 교회와 사역자들과 동역하며 사역의 확장시켜 주셨다.

지난해 오사카온누리교회를 20여 년간 섬기던 이영선 목사님과 쿄코 사모님은 모든 안정된 사역을 내려놓고 시모노세키의 100년이 넘은 매광학원의 유치원 원장과 부원장 그리고 교목으로 사역지를 옮겼다. 두 분은 일본 선교의 또 다른 최전선으로 부르시는 성령님의 부름에 순종하기로 결단하고 나아갔다. 그 덕분에 나 또한 이영선 목사님의 소개로 일본의 고등학교 채플과 대학교 채플에서 말씀을 전할 기회를 얻었다.

　성령님은 이렇게 귀한 주님의 사람들을 만나게 하시고 동역하도록 인도하셨다. 교토에서 시작된 사역이 오사카와 니시노미야가 있는 관서지방과 도쿄, 요코하마, 야치오, 츠쿠바가 있는 관동지방과 시모노세키와 기타큐슈 지역까지 확장되게 하셨다. 성령님은 이 모든 과정을 통하여 치유하고 회복하는 역사를 일으키셨다.

듣게 하시고 말하게 하시는 성령님

사도행전에서 우리는 성령님이 주님의 몸 된 교회에서 역사하신 두 가지 사건을 보게 된다. 성령님이 말씀하신 것을 들은 사건, 성령님이 말하게 하심을 따라 말한 사건이다. 성령님이 듣게 하시고 말하게 하시는 역사는 종교적인 신비한 흥미거리나 자기 중심적인 무당적 주술행위가 아니다.

> 그들이 다 성령의 충만함을 받고 성령이 말하게 하심을 따라 다른 언어들로 말하기를 시작하니라 행 2:4
> 스데반이 지혜와 성령으로 말함을 그들이 능히 당하지 못하여 행 6:10
> 성령이 빌립더러 이르시되 이 수레로 가까이 나아가라 하시거늘 행 8:29

　듣게 하시고 말하게 하시는 성령님의 역사하심은 철저하게 예수님의 구원 복음을 증거하기 위함이다. 그리고 예수님을 머리 삼은 예수님의 몸 된 교회를 세워 하나님 나라와 복음을 수종 들게 하기 위함이다.

듣는다는 것은 곧 말씀에 귀 기울이는 것이다. 사람의 탐욕과 욕심은 성령님의 역사의 왜곡과 미혹의 결과를 초래할 수 있다. 그러나 하나님의 말씀은 하나님을 사랑하고 이웃을 사랑하기 위한 목적과 방향이 명확하다. 따라서 우리는 미혹에 빠지려다가도 말씀을 통해 명확하게 분별할 수 있다. 그리고 이렇게 말씀을 듣고 증거하다 보면 말하게 하시는 성령님의 역사를 경험하게 된다. 하나님의 사랑과 뜻과 마음을 영혼들에게 손에 잡히듯이 깨닫게 하시고, 하나님을 신뢰하고 믿는 믿음으로 돌이켜 결단하도록 역사하시는 것이다.

예수님의 교회는 철저하게 하나님의 주권을 인정하는 교회이다. 사도행전을 통해서 하나님은 듣게 하시고 말하게 하셔서 주님의 뜻으로 이끄시고 세우신다. 성령님은 일본과 한국에서 순회사역을 시작하게 하시면서 거리와 마켓에서 영혼들을 만나 전도할 때마다, 교회의 집회와 예배에서 말씀을 전할 때마다, 한 영혼 한 영혼 붙들고 기도해 줄 때마다 주님이 사랑하시는 바로 그 영혼을 향한 마음을 들려주시고, 그들에게 필요한 말을 하게 하셨다.

야치오에서 예배 때 말씀을 증거하는데, 오랫동안 교회에 다녔지만 믿음이 흔들리던 일본인 여성이 예수님의 구원 복음에 대해 명확하게 이해하고 깨닫게 되는 사건이 있었다. 그녀는 나중에 믿음이 확고하게 생겼다는 간증을 담당 목사님에게 했다고 한다. 츠쿠바에서는 은퇴한 일본인 어르신이 말씀을 듣는 중에 알 수 없는 눈물이 계속 나오고 합심 기도할 때 성령님이 처음으로 뜨거운 감동을 주셨다고 간증하기도 했다. 도쿄에서는 친구의 전도로 예배에 참석한 일본인 여성에게 기도해 드리다가 예수님의 사랑을 증거하고 그 자리에서 예수님을 나의 주, 나의 하나님으로 영접하고 세례를 받기로 결단하는 일도 있었다. 서울에서는 예배와 집회 때 두세 시간 줄을 서서 기도 받고 위로와 회복을 경험하도록 성령님이 역사하시기도 했다.

내가 분명하게 말할 수 있는 것은 각 영혼들에게 '듣게 하시고 말하게 하시는' 역사는 나와는 상관없는 전적인 성령님의 역사하심이었다는 것이다. 양재 온누리교회 화요성령집회를 섬길 때, 사람들의 기도요청이 부담스러워 하루는 예배가 끝나자마자 차를 타고 집으로 도망간 적이 있다. 그때 성령님이 내게 물으셨다.

"너는 내가 너무나 사랑하는 영혼들에게 기도해 주지 않고 어디 가느냐?"

"나는 능력도 없고 특별한 은사도 없습니다! 그들에게 할 말도 없고 생각나지도 않습니다. 내가 말을 만들 수는 없지 않습니까?"

"너는 내가 저 영혼들을 얼마나 사랑하는지 기억하며 전심으로 저들을 축복하며 기도해라. 그러면 내 말을 너에게 넣어 주리라!"

실제로 성령님은 그렇게 역사하셨고 많은 분이 믿음으로 주님께 결단하는 은혜를 주셨다.

하지만 온누리교회 사역을 내려놓고 10년이 넘는 '은둔 생활'을 한 나였다. 다시 순회사역을 가면서 사람들이 예배나 집회 후에 기도를 부탁할 때 부담스러워서 피하고 싶었다. 혹시나 '이상하고 치우친 사역자'로 오해받고 싶지도 않았다.

12 이제 가라 내가 네 입과 함께 있어서 할 말을 가르치리라 13 모세가 이르되 오 주여 보낼 만한 자를 보내소서… 15 너는 그에게 말하고 그의 입에 할 말을 주라 내가 네 입과 그의 입에 함께 있어서 너희들이 행할 일을 가르치리라 출 4:12-15

주님은 모세에게 주님이 백성과 자녀들에게 하시고 싶은 말씀을 전하기 위해 가라고 명령하신다. 하지만 모세는 핑계를 대며 거부한다. 주님은 함께하셔서 주님의 뜻을 온전히 전하도록 역사하실 것임을 보증해 주시며 다시금 명령하신다.

나도 결국 성령님을 의지하여 주님의 마음에 순종하기로 작정했다. 주님은 내게 기도 부탁을 하며 다가오는 한 영혼 한 영혼을 섬기기 원하셨다. 주님의 위로와 사랑이 그 영혼들에게 전해지도록 성령님이 역사하셨다. 나는 절대로 '신령한' 사람이 아니다. 그저 자격 없는, 은혜 많이 받은 '죄인'일 뿐이다. 그래서 앞으로도 더욱더 순종하려고 한다.

야치오온누리교회에서 집회를 섬기게 되어 요시하라 목사님과 식당에서 집회 전에 만나기로 했다. 함께 마주보며 식탁에 앉는 순간 이유도 모르게 성령님이 요시하라 목사님을 만져 주셨다. 목사님은 갑자기 영적인 갈급함을 강하게 느끼며 눈시울을 붉혔다. 그런데 얼마 후 열린 집회에서 요시하라 목사님이 통역을 했는데, 도중에 성령님이 깊은 감동을 주셔서 울먹였다. 나는 그 모습을 보면서 놀라고 또 한편으로는 오랫동안 성령님을 갈급해하던 요시하라 목사님을 보고 계시고 역사하시는 주님의 은혜에 너무나 기쁘고 감사했다.

　이밖에도 순회집회를 통해서 셀 수 없이 많은 열매가 맺혔다. 한 젊은 재일교포 여성이 처음으로 성령 체험을 하는 역사가 일어났다. 그녀는 사랑한다는 주님의 음성을 듣고 기쁨으로 통곡했다. 딸의 가출로 너무나 절망하고 죽고 싶다고까지 했던 성도님도 성령의 체험 속에서 다시금 소망을 갖고 믿음으로 주님을 바라보기로 결단했다. 야치오온누리교회 일본인 B 집사님은 집회 후에 담당 목사님을 찾아와 예수님과 복음에 대해 명확하게 깨닫게 되었다고 고백하였다. 시모노세키 매광학원 고등학생인 일본인 C 자매는 채플 예배 후에 찾아와 자신에게 필요한 말씀을 전해 주셔서 감사하다고 인사를 건넸다. 죽은 고목나무 지팡이 같은 우리 인생에 크신 자비와 사랑으로 새 생명의 역사를 일으키시는 주님께 찬양을 올려 드린다.

　일본의 기독교 인구는 전체 인구에 1퍼센트도 되지 않는다. 더구나 일본 목회자 숫자는 절대적으로 적다. 그런데 최근에 많은 일본 목회자들이 목회를 그만두고 있다는 안타까운 소식을 요시하라 목사님을 통해서 듣게 되었다. 그리고 일본 교회의 역사 속에서 몇 번의 놀라운 부흥이 있었는데, 경제 발전으로 인한 풍요 속에서 깊은 영적인 침체에 들어갔다는 사실을 나누게 되었다. 일본에서 사역하시는 목회자들과 평신도 리더분들과 함께 일본 선교와 일본 교회의 상황을 나누고 기도하면서 성령님이 일본 교회의 영적 회복과 부흥을 위한 소망과 비전을 품게 하셨다. 일본 곳곳에 있는 목회자가 없는 무목 교회와 영적 침체로 힘들어하는 일본 교회와 일본 목회자들을 위한 순회 성령집회에 대한 비전을 나누게 되었다.

비록 일본인 사역자들과 언어와 문화의 차이가 있었지만, 우리의 동역으로 일본 교인들이 예수님의 복음을 깨닫고 성령님의 손길을 경험하며 치유되고 회복하는 역사가 계속 일어난 것은 주님이 하신 놀라운 일이다.

물방울이 모여 큰 바다를 이루듯

일본 동북부의 C교회 집회를 마치고 한 달 후에 들은 이야기이다. 박사과정을 마치고 일본의 큰 연구소의 선임연구원으로 일하는 A 자매의 변화와 간증은 교회의 다른 형제자매들에게 영적인 선한 영향력을 주어 연속적인 부흥의 역사가 일어나게 되었다. A 자매는 일본에서 국립대학교 교수인 아버지 밑에서 막내딸로 자랐다. 다른 형제와 자매도 의사와 교수로 성장했을 정도로 교육열도 높고 세상적으로 성공한 가족의 일원이었다. 그런데 아버지는 계속해서 불륜을 저질렀고, 어머니는 세상의 명성과 성공을 우상시하며 음란하고 세상적인 소설을 집필했다.

자매는 학업 성적도 아주 뛰어난 학생이었고 대학과 대학원 그리고 박사과정까지 수석으로 졸업하여 유명한 연구소의 선임 연구원으로 스카우트될 정도의 재원이었다. 자매는 극적인 전도를 통해 예수님을 믿게 되었고 제자 훈련도 받았다. 그러나 여전히 통제되지 않는 음란의 문제가 있었다. 특히 일본은 20대 청춘들이 동거를 하거나 자유연애를 하는 것이 자연스러운데, A 자매 역시 이 부분에서 '예수님 믿으니까 괜찮다'는 사탄의 거짓된 합의를 받아들이게 되었다. 그래서 남자 친구와 동거를 하고, 또 다른 외국인 남자 친구와 동거를 이어 가는 상황이 되었다.

C교회 사모님은 여성 사역을 하면서 A 자매의 이런 영적 상태를 아시고 눈물로 기도해 오셨다. 그러던 어느 날, 기도 중에 이제는 A 자매도 변화의 결단을 할 시간이 되었다는 생각이 들었다고 했다. 그때 마침 순회사역 집회가 C교회에서 열리게 되었고, 사모님은 A 자매를 초청하고 도전하셨다.

기도 시간이 되어 A 자매는 안수기도를 받았다. 그때 그녀는 자신 안에서 어두운 영이 빠져나가는 것을 확실하게 느꼈다. A 자매는 이런 영적 현상을 처음 경험했기에 너무나 놀랐다. 더욱 큰 은혜는 그 이후로부터 큰 자유함과 기쁨과 평안이 자매에게 임한 것이다. 더 이상 음란한 생각이 자신을 장악하지 못하고 거룩한 자유함이 임하기 시작했다. 자매는 분명하게 주님의 거룩한 생명과 새로운 마음이 자신 안에 시작되었음을 느꼈다. 놀라운 사랑의 평안과 기쁨의 확신이 A 자매를 완전히 덮고 장악하게 되었다.

그 뒤로 A 자매에게는 자신처럼 죄와 어둠에 매여 방황하는 영혼들에게 주님의 사랑과 자유한 은혜의 십자가 복음을 전해야겠다는 불 같은 열정이 일어나기 시작했다. 주중에는 캠퍼스와 연구소에서 계속 영혼을 축복하며 기도하고 전도했고, 온 교회 공동체 앞에서 이 모든 상황과 주님이 베푸신 큰 은혜를 간증하기로 결단했다. 교회 공동체 앞에서 한 A 자매의 간증은 형제자매들의 연쇄적인 변화의 역사와 내적 부흥으로 연결되기 시작했다. 나아가 교회 공동체 전체가 새로워지는 놀라운 변화로 연결되기 시작했다.

C교회의 Y 담임목사님은 일본 순회사역을 마치고 돌아온 지 두 달이 되었을 때, 내게 흥분과 감격의 목소리로 이 귀한 주님의 은혜의 역사를 전해 주었다. 나는 이 소식을 듣고 일본말도 못하는 내게 일본에 가서 노방전도하라고 말씀하셨던 성령님의 음성을 다시 생각했다. 그리고 사역이 조금씩 확장되어 갈 때, 막막한 가운데 기도할 때 주님은 일본을 향한 감동을 부어 주셨다. 일본 전역을 다니며 성령님 안에서 말씀과 기도로 주님의 영적 생명을 심을 때, 마치 물방울이 하나 둘 모여 큰 강과 바다를 이루고, 작은 불씨 하나가 큰 불을 일으키듯이 성령님의 역사가 한 영혼을 넘어 일본 전역에 일어나게 될 것이라는 감동이었다.

> 1 이러므로 그리스도 예수의 일로 너희 이방인을 위하여 갇힌 자 된 나 바울이 말하거니와 2 너희를 위하여 내게 주신 하나님의 그 은혜의 경륜을 너희가 들었을 터이라 엡 3:1-2

사도 바울은 에베소교회에 편지를 쓰면서 "너희를 위해 내게 주신 하나님의 그 은혜의 경륜이다"라고 썼다. '경륜'은 헬라어로 '오이코노미아(οἰκονομία)'이다. 모든 것을 주관하신다는 의미이다. 하나님이 계획을 세우고 준비하시고 실행하시고 성취하신다는 의미이다. 하나님이 이방인인 에베소교회와 성도들의 구원을 위해 모든 것을 은혜와 사랑으로 계획하고 준비하고 실행하고 성취하신 하나님에 대한 말씀이다.

이것은 직접적으로 복음에 관한 것이다. 이방인을 구원하시기 위해 메시아 예수님이 이 땅에 오셔서 십자가에서 죽으시고 부활하시고 승천하신 것, 이로써 모든 이방인이 예수님 안에서 하나님의 자녀가 되고 유대인과 함께 하나님 나라의 약속에 참여하게 된 것은 놀라운 구원의 복음이다.

또한 성경은 이 복음이 이방인인 에베소교회와 성도들에게 사도 바울을 통해서 어떻게 전해지게 되었는지 보여 준다. 이방인인 에베소교회 성도들을 위해 예수님을 대적하던 사울, 즉 사도 바울을 세우셔서 구원의 복음을 전하게 하신 것, 그를 통해 영혼을 구원하게 하시고 교회를 세우게 하신 것은 모두 하나님의 은혜요, 역사이다. 성령님은 2천 년이 지난 지금도, 예수님이 다시 오실 그날까지 계속해서 '하나님의 은혜의 경륜'인 복음의 역사를 일으키시고 주도하고 계시다.

일본 순회사역을 통해서 이러한 하나님의 은혜의 경륜인 복음의 역사하심을 경험했다. 이 모든 은혜의 복음 구원 역사를 일으키시는 주님을 찬양한다. 우리 인생 속에서도 주님은 여전히, 계속해서 하나님의 은혜의 경륜인 복음의 구원 역사를 행하신다. 주님의 교회와 성도여, 하나님의 은혜의 경륜 되시는 예수님의 복음과 성령 하나님의 인도하심을 믿음으로 담대하게 일어날지어다!

⑩
─ chapter ─

부흥의 추억을 넘어
목도하는 세대로

10년 만의 귀향과 '황당한' 비전

일본에서의 일정을 마치고 10년 만에 한국에 도착했다. 온누리교회
를 사임하고 떠난 10년 동안 거의 연락도 끊고 모든 것을 잊고 미국
거리에서 전도하고 노숙자들과 보내다가 생각지 않게 돌아온 한국
의 일정은 막막함 그 자체였다. 분명한 것은 성령님의 "전도하라"
는 명령뿐이었다.

제일 먼저 가방에 전도지를 가득 채운 후에 온누리교회 대학부
바울공동체를 이끌며 전도하던, 추억의 장소인 대학로로 갔다. 혜
화역 횡단보도 앞에서 신호를 기다리며 오고 가는 많은 분에게 인
사와 함께 전도지를 건네며 예수님을 전했다. 오후와 저녁 시간 동
안 정말 많은 사람을 만나고 또 만났다.

다음 날에는 기도 중에 노방전도가 가장 활발하게 일어나던 서

울역과 강남 고속터미널역이 떠올라 그곳에 가서 사람들을 만나며 예수님을 전했다. 또 구로디지털단지역과 신림역 등 서울 시내 도심과 부도심 곳곳을 다니며 예수님을 전했다. 대학 캠퍼스에도 가고 곳곳의 시장에도 가서 예수님을 전했다. 광주시와 대구시 그리고 경기도 안양과 주변 도시에도 가서 사람들을 만나며 예수님을 전했다. 성령님이 말씀하신 대로 한국의 곳곳을 다니며 거리와 시장에서 사람들을 만나고 대화하고 예수님을 전하면서 몇 가지 변화를 실감했다.

첫째, 너무나 많은 사람이 교회에 단 한 번도 가 보지 않았다는 사실이다. 예전에는 예수님을 믿지 않아도 교회에는 한두 번 다녀본 경험이 대부분 있었는데, 시대가 바뀌면서 아예 교회에 전혀 가본 적이 없는 사람이 많았다. 특별히 30대 이하 세대는 90퍼센트 가까이 아예 교회에 대한 경험 자체가 없었다.

둘째, 요즘 젊은 사람들은 교회에 대한 경험 자체가 없는데 너무나도 교회와 기독교에 대해 부정적인 이미지를 갖고 있었다. 교회의 리더인 목회자들의 일탈과 내부적인 잘못 때문에, 또 발달한 SNS 환경으로 부정적인 이미지(imagination)와 포지셔닝(positioning)이 강력하게 형성되어 있었다.

셋째, 교인들의 자기 정체성에 대한 혼란과 낙담이다. 거리 전도 중에 적지 않은 수의 교인들을 만났는데, 한국 사회의 기독교에 대한 부정적인 인식 때문에 대부분 자신이 기독교인이라는 것을 밝히는 것을 두려워하고 부끄러워했다. 그리고 예전에 부흥과 은혜를 경험했던 세대는 영적인 현실과 기억 사이의 갭이 너무나 커서 실망과 낙심 속에서 목말라하고 있었다.

성령님은 내게 지금의 현실에서는 너무나 '황당한' 그러나 너무나 '확실한' 주님의 소망과 비전을 주셨다. 30대 이하 세대가 교회에 대한 경험이 전무한 상태에서 교회와 기독교에 대한 극도의 부정적인 그 이미지를 깨트리고 넘어선다면 더 큰 확신과 믿음으로 나아갈 가능성을 기대하게 하셨다.

하지만 지금 교회에 대한 부정적인 인식의 수준이 이미지를 개선하고 호감도를 높이기 불가능할 정도로 너무도 강하다. 그래서 사도행전의 초대교회와 같이 성령님의 역사하심으로 거룩과 말씀의 능력을 회복하는 것만이 유일하고도 확실한 대안이라는 생각이 들었다. 선언적 고백이나 좋은 사람 코스프레는 답이 될 수 없다. 성도와 교회가 먼저 말씀과 기도로 성령님께 사로잡혀야 한다. 그럴 때 십자가가 드러나고, 십자가에서 죽으시고 부활하셔서 만물의 통치권을 받으신 예수님의 이름의 권세와 보혈의 능력이 회복될 것이다. 그래야 성도와 교회가 섬기며 도전할 수 있다. 성도의 선명한 자기 정체성의 회복이 있다면 생명의 기적의 역사를 볼 수 있을거라는 확신이 들었다.

물리학에 임계점(critical point)이라는 용어가 있다. 무엇을 해도 아무 일도 일어나지 않다가 어느 한 지점에 이르는 순간 놀라운 변화가 일어나는 것이다.

> 그가 내게 대답하여 이르되 여호와께서 스룹바벨에게 하신 말씀이 이러
> 하니라 만군의 여호와께서 말씀하시되 이는 힘으로 되지 아니하며 능력
> 으로 되지 아니하고 오직 나의 영으로 되느니라 슥 4:6

하나님이 스룹바벨에게 말씀하신다. 어떤 권세와 능력으로도 되지 않지만 오직 하나님의 영으로만 이루어진다고 말이다. 성경에서 영은 단순히 어떠한 현상을 의미하는 것이 아니다. 영은 곧 하나님께 속한 것, 하나님으로부터 나오는 것을 의미한다.

> 하나님이 이르시되 이리로 가까이 오지 말라 네가 선 곳은 거룩한 땅이
> 니 네 발에서 신을 벗으라 출 3:5

사람들은 개혁을 말하고 변화와 부흥을 갈망하지만, 주님이 우리에게 먼저 요구하시는 것은 육이 아니라 영의 변화이다. 내 인생의 주인 자리에 내가 앉았다면 그 자리에서 내려와 하나님을 주인 자리에 모셔야 한다. 예수님이 머리 되시는 삶을 살아야 한다. 성령님에게 복종해야 한다. 그것이 영의 사람이요 영적인 믿음이요 영적인 삶의 본질이다.

그래서 주님은 거룩한 역사, 거룩한 영광을 보기 원하며 먼저 네 발에서 신을 벗고 주님 앞에 철저하게 복종하라고 요구하신다.

> 큰 산아 네가 무엇이냐 네가 스룹바벨 앞에서 평지가 되리라 그가 머릿
> 돌을 내놓을 때에 무리가 외치기를 은총, 은총이 그에게 있을지어다 하
> 리라 하셨고 슥 4:7

주님은 분명하게 선언하고 약속하신다. 큰 산이 스룹바벨 앞에 평지가 될 것이라고 말이다. 이미 자신들의 죄와 불순종으로 망가질 대로 망가지고 부서질 대로 부서져서 이전의 영광과 영화를 다 잃어버린 채 수치와 두려움으로 가득찬 하나님의 백성에게 주님은 먼저 회복의 확실한 은혜를 선언하시고 보증의 결의를 선포하신다. 이 기적 같은 회복의 은혜의 약속은 오직 만물을 시작하시고 내 인생을 시작하신, 만물의 주인이신 여호와 하나님을 구하고 또 구할 때 눈앞에 현실이 될 것이다. 그럴 때 우리는 과거 부흥의 추억을 회상하는 자가 아니라 오늘 임하시고 베푸시는 하나님의 크신 능력을 목도하는 자가 될 것이다. 믿는 자에게 베푸시는 놀라운 은혜를 증거하는 성도와 교회가 될 것이다.

다시 일어서려는 영혼을 위해

서울 시내에서 성령님을 의지하고 거리 곳곳을 다니며 만나는 영혼들에게 예수님을 전하다가 한 대학생 남자 청년을 만났다. 그 청년을 만난 곳은 큰 자격증 학원이었고, 마침 휴식 시간에 전자담배 태우러 나왔다가 서로 만나게 된 것이다. 나는 다가가 인사를 건네고 대화를 나누며 예수님에 대해 전했다. 그랬더니 그 청년이 결연한 표정으로 말했다.

"나는 눈에 보이지 않는 것은 믿지 않기로 결정했습니다!"

그때 우리가 서 있는 거리에 갑자기 돌풍 같은 바람이 불었다. 나는 웃으며 그 청년에게 말했다.

"지금 이 바람이 눈에 보입니까?"

"안 보이죠."

"그럼 눈에 안 보이니까 바람이 존재하지 않습니까?"

그 청년은 아무 말도 하지 못했다. 나는 다시 그에게 말했다.

"혹시 교회에 가 본 적이 없나요?"

"아, 아니요. 초등학교 때 다녔습니다. 저희 집안에는 아무도 교회 다니는 사람이 없었는데, 어느 날 저희 집 앞 상가에 교회가 생겼고, 그래서 교회에 열심히 다니게 되었습니다."

"그렇군요! 그런데 왜 안 나가게 된 거예요?"

"성경 공부 시간에 떠들다가 교회 선생님한테 혼나고 맞았어요. 그래서 그때부터 안 가게 됐어요."

그 청년의 대답에 나는 깜짝 놀랐다. 그의 말이 사실이라면 이것은 분명 교회의 잘못이고, 그 교사의 잘못이니 말이다. 나는 청년에게 대신 사과했다.

"정말 죄송합니다. 나는 사실 목사입니다. 내가 대신 사과합니다."

청년은 전자담배로 엄청난 연기를 만들다가 내가 목사라는 말에 놀라서 콜록거리며 기침을 심하게 했다. 그러더니 그는 아까와는 조금 달라진 자세로 말했다.

"아, 아닙니다. 제가 잘못한 건데요. 제가 너무 심하게 떠들었으니까요."

나는 청년에게 다시 교회에 가서 예배를 드리라고 권면했다. 그러면서 혹시 친구 중에 예수님 믿는 친구가 있는지 물어봤다. 그랬더니 한 명 있다고 하기에, 나와 만났던 일을 꼭 그 친구와 함께 나누고 예배에 나가라고 말했다. 청년은 밝게 웃으며 꼭 그렇게 하겠다고 대답하고 헤어졌다. 지금도 갑자기 바람이 불면 함께 머리카락을 날리며 대화를 나누었던 그 청년을 위해 기도하게 된다.

거리에서 나이 드신 남성을 만났다. 예수님 믿으시냐고 여쭤니 '전직 목사님'이었다고 했다. 꽤 규모 있는 교회의 목사님이었는데, 큰 병에 걸리는 바람에 모든 사역을 다 내려놓고 치료를 받다 보니 20년 가까운 세월이 흘러갔다고 했다. 그리고 이제는 할 수 있는 것이 아무것도 없게 됐다고 자책했다. 그분과의 대화 중에 성령님이 말씀하셨다.

"나는 그의 병을 완전히 치유했다. 이것이 그를 향한 나의 기름 부음이 끝나지 않았다는 증거이다."

나는 목사님의 양손을 붙들고 간절히 말했다.

"목사님. 주님이 목사님의 병을 완전히 고쳐 주셨잖아요? 20년 전에 생각했던 그런 사역은 더 이상 할 수 없지만 이제 치유와 회복의 은혜를 주신 주님을 많은 영혼에게 전하는 주님의 일은 하실 수 있잖아요? 주님은 목사님을 '다른 더 귀한 부르심'으로 부르셨잖아요?"

목사님과 나는 함께 손을 붙잡고 기도하고 서로 축복하며 주님 부르시는 날까지 복음을 전하며 영혼을 돌보며 살자고 결단하며 헤어졌다. 지금도 '전직 목사님'에게 주님이 새롭게 주신 제2의 소명을 응원하며 기도하고 있다.

일본과 한국의 거리 곳곳을 다니며 다양한 세대와 사연의 영혼들을 만나며 내 안에 강하게 떠오르는 것이 아버지의 마음이었다. "아버지의 마음"이란 제목의 찬양이 있다.

아버지 당신의 마음이 있는 곳에 나의 마음이 있기를 원해요.
아버지 당신의 눈물이 고인 곳에 나의 눈물이 고이길 원해요.
아버지 당신이 바라보는 영혼에게 나의 두 눈이 향하길 원해요.
아버지 당신이 울고 있는 어두운 땅에 나의 두 발이 향하길 원해요.
나의 마음이 아버지의 마음 알아 내 모든 뜻 아버지의 뜻이 될 수 있기를
나의 온몸이 아버지의 마음 알아 내 모든 삶 당신의 삶 되기를.

지난날 아버지의 마음으로 한 영혼 한 영혼을 소중하게 여기지도, 사랑하며 섬기지도 못한 것을 회개했다. 성령님은 다시 마음과 생각을 다잡고 주님의 마음을 품고 주님이 만나게 하실 한 영혼을 향해 나아가게 하셨다.

한국에서 순회사역을 하면서 일본에서와 마찬가지로 성령님은 여러 교회와 도움이 필요한 영혼들, 또 거리에서 예수님을 모르는 많은 영혼을 만나게 하셨다. 특별히 코로나19 사태 이후, 성령님의 강권하심으로 한국 순회사역을 재개했을 때 교회와 영혼들과의 만남은 큰 영적 공명을 가져다 주었다.

남양주에 있는 교회의 수요성령집회를 섬겼을 때의 일이다. 말

씀을 전하는 가운데 영적으로 지치고 주님의 위로와 새 힘이 필요한 영혼들의 상태가 절절하게 느껴졌다. 그리고 한 영혼 한 영혼을 너무나 안타깝고도 깊은 사랑으로 바라보시는 주님의 마음이 강하게 느껴져 나도 모르게 말씀을 전하며 눈물을 흘렸다. 말씀을 마치고 함께 주님을 향해 손을 들고 합심기도를 시작할 때, 하나님의 거룩한 불이 한 영혼 한 영혼에게 임하는 것이 느껴졌다. 그것은 어떤 능력이나 단순한 현상이 아니라, 지치고 힘들어하는 한 영혼 한 영혼 그리고 주님의 몸된 교회를 향한 하나님의 뜨거운 마음이었다. 우리를 향한 하나님 아버지의 크고 강렬한 사랑에 깊은 감격과 함께 통곡과 오열이 쏟아져 나왔다.

강남에서 정신과 의사로 일하는 분의 말씀을 들었다. 너무나 많은 사람이 공황장애와 우울증으로 고통당하고 있다고 했다. 물질적인 풍요 속에서 상대적인 박탈감과 소외와 고독이 깊어지는 한국 사회의 이면을 깊게 느끼고 알게 하셨다.

또한 여러 가지 이유로 주님과 멀어지고 주님과의 친밀한 교제를 잃어버린 많은 사람을 만났다. 한 영혼 한 영혼을 만나 상황을 듣고 주님의 말씀을 나누고 함께 기도했다. 성령님을 의지하여 기도해 드릴 때, 그 영혼이 새 힘을 얻고 일어서서 다시금 주님과의 관계를 회복하는 길을 찾아 나갔다. 이 모든 것이 주님의 은혜요 역사였다.

많은 사역이 있고 새로운 예배와 프로그램이 있지만, 그런데도 부족한 것이 한 영혼 한 영혼을 돌보는 것임을 순회사역을 통해 깨달았다. 미국에 가서 긴 광야의 시간을 보낼 때, 주님이 내게 각인시키신 것 중 하나는 '한 영혼의 소중함'이었다. 그것은 한 영혼을 향해 주님의 마음을 품는 것이었다.

'하이터치, 하이테크(High Touch, High Tech)'라는 말을 많이 한다. 이 개념은 고도화된 기술력과 인간적인 접촉의 중요성을 동시에 강조하는 경영전략이다. 생성형 AI 기술 등 첨단 기술의 발전을 비즈니스에 효과적으로 접목하면서도, 인간적인 감성과 상호작용을 소중히 여기는 균형 잡힌 접근 방식을 의미한다. 한마디로 한 사람 한 사람의 감성과 반응을 소중하게 여기며 접근하는 방식이다.

주님은 우리 모두에게 "가서 제자를 삼으라"고 말씀하셨다. 지금 우리는 예수님의 초림과 재림 사이, 소위 '말세'인 시대, 하나님 나라의 마지막 구원 언약의 성취의 시대를 살아가고 있다. 순회사역을 통해 주님의 초점은 한 영혼을 세우는 'One Man Vision'임을 강조하셨다. 주님의 생명의 말씀과 살리는 영이신 성령님의 역사하심으로 한 영혼이 치유되고 회복되고 귀하게 세워짐을 통해 가정과 교회와 사회가 변하고 하나님 나라가 임하는 것이다. 이 핵심이 한 영혼을 돌보고 한 영혼을 세우는 'One Man Vision'이다.

> 그러나 예언하는 자는 사람에게 말하여 덕을 세우며 권면하며 위로하는 것이요 **고전 14:3**

'덕을 세운다'는 헬라어 단어는 오이코도메(οἰκοδομή)이다. 이는 건물을 세운다, 충전한다(charging)는 뜻도 있다. 하나님의 마음인 하나님의 말씀과 뜻을 나누고 기도하는 가운데 영혼이 충전되어 살아나고 강건해진다.

주님은 한국에서의 순회사역을 통해서 주님이 연결해 주시고 만나게 하시는 한 영혼을 돌보고 세우는, 특별히 충전하는 사역으로 인도하셨다. 초대교회가 예수님의 '가서 제자 삼으라'는 'One Man Vision'에 철저하게 순종하고 헌신했듯이, 한국에서의 순회사역을 통해 주님은 열방을 향한 선교에 부르심이 있는 우리 민족의 회복을 위한 돌파구 역시 'One Man Vision'임을 깨닫게 하셨다. 그리고 이 일을 위해 부족하고 작지만 섬김의 자리로 나를 불러 주셨고 계속해서 영혼들을 만나게 하셨다.

10년이란 단절의 시간 속에서 처음에는 만날 사람도 없어 보였다. 그런데 계속되는 순회사역을 통해서 하나님은 많은 영혼을 만나게 하셨다. 새벽부터 나가 새벽에 들어와도 시간이 모자랄 정도였다. 그 모든 순간이 하나님의 은혜요 역사하심이었음 고백한다.

여전히 어둠 속에서 걸어가며 부르는 노래

6 말하는 자의 소리여 이르되 외치라 대답하되 내가 무엇이라 외치리이까 하니 이르되 모든 육체는 풀이요 그의 모든 아름다움은 들의 꽃과 같으니 7 풀은 마르고 꽃이 시듦은 여호와의 기운이 그 위에 붊이라 이 백성은 실로 풀이로다 8 풀은 마르고 꽃은 시드나 우리 하나님의 말씀은 영원히 서리라 하라 사 40:6-8

부족한 자의 삶을 통해 주님은 외치라고 말씀하신다.

"나는 마르는 풀과 같고 화려하나 곧 시드는 꽃과 같습니다!"

주님은 끊임없이 얼마나 나 자신이 악하고 믿음 없는 자인지 모든 상황을 통해 드러나게 하시고 직면하게 하셨다. 그리고 주님은 또 나에게 외치고 증거하며 선포하라고 말씀하신다.

"풀과 같고 꽃과 같은 악하고 약한 인생이지만, 저에게 찾아오시고, 저를 살려 주시고, 저를 부르시고, 저를 보내시는 하나님, 하나님의 말씀은 영원한 생명이요 능력이십니다!"

주님은 오늘도 내 생명으로 살지 말고, 주님의 생명으로 살라 하신다. 주님의 권세와 능력으로 살라 하신다.

여전히 내 앞에 놓인 길은 밤의 어둠이 깊다. 그러나 가야 할 길이 먼 내게 주님은 말씀하신다.

"멈추지 말아라. 내가 너와 함께한다. 너는 내게 순종해라! 너는 이미 죽은 지 오래 되어 말라 버린 뼈를 향해 믿음으로 순종하여 대언해라! 마른 뼈가 나의 영광의 군대로 일어서게 되리라!"

예수님이 다시 오실 그날까지 성령님과 함께 걸으며 쓰는 'ACTS 29'는 계속될 것이다.